住民行政の窓

増刊号

「電子署名等に係る地方公共団体情報システム機構の認証業務に関する法律」
関係法令対照表

はじめに

平素より「住民行政の窓」をご愛読賜り誠にありがとうございます。

「電子署名等に係る地方公共団体情報システム機構の認証業務に関する法律」が令和元年五月三一日法律第一六号（一部未施行）により改正されました。

それに引き続き「電子署名等に係る地方公共団体情報システム機構の認証業務に関する法律施行令」が令和二年五月七日政令第一六五号で、「電子署名等に係る地方公共団体情報システム機構の認証業務に関する法律施行規則」は令和二年五月二五日総務省令第五四号で、「認証業務及びこれに附帯する業務の実施に関する技術的基準」が令和二年五月二五日総務省告示第一七〇号により、それぞれ改正・施行されました。

マイナンバーカード等を用いた行政手続においては、今後、右公的個人認証関係法令を参照することがますます多くなることと存じます。そのため、今回の「住民行政の窓」増刊号では、右法、政令、規則、技術的基準について、令和三年四月一日現在の内容まで入れ込み、それ以降の未施行分をケイ囲みするなどして、各条文を整理し、わかりやすく対照表といたしました。

この増刊号が、住民基本台帳事務に携わっておられる各地方公共団体関係者の皆様にいささかなりともお役に立ちますれば、これに過ぎるものはございません。

令和三年一月

住民行政の窓　編集部

「電子署名等に係る地方公共団体情報システム機構の認証業務に関する法律」
関係法令対照表

電子署名等に係る地方公共団体情報システム機構の認証業務に関する法律 関係法令対照表

電子署名等に係る地方公共団体情報システム機構の認証業務に関する法律

（平成十四年十二月十三日）
（法律第百五十三号）

最近改正 平成二六年六月一三日法律第六九号
令和元年五月三一日法律第一六号（一部未施行）

第一章　総則

（目的）

第一条 この法律は、電子署名及び電子利用者証明に係る地方公共団体情報システム機構（以下「機構」という。）の認証業務に関する制度その他必要な事項を定めることにより、電子署名及び電子利用者証明の円滑な利用の促進を図り、もって住民の利便性の向上並

電子署名等に係る地方公共団体情報システム機構の認証業務に関する法律施行令

（平成十五年九月十二日）
（政令第四百八号）

最近改正 令和二年五月七日政令第一六五号

第一章　認証業務

第一節　署名認証業務

第一款　署名用電子証明書

・電子署名等に係る地方公共団体情報システム機構の認証業務に関する法律施行規則

（平成十五年九月二十九日）
（総務省令第百二十号）

最近改正 令和二年五月二五日総務省令第五四号

・認証業務及びこれに附帯する業務の実施に関する技術的基準

（平成十五年十二月三日）
（総務省告示第七百六号）

最近改正 令和二年五月二五日総務省告示第一七〇号

第一章　総則

第一条 この規則において使用する用語は、電子署名等に係る地方公共団体情報システム機構の認証業務に関する法律（平成十四年法律第百五十三号。以下「法」という。）において使用する用語の例による。

びに国及び地方公共団体の行政運営の簡素化及び効率化に資することを目的とする。

（定義）

第二条 この法律において「電子署名」とは、電子署名及び認証業務に関する法律（平成十二年法律第百二号）第二条第一項に規定する電子署名であって、総務省令で定める基準に適合するものをいう。

2 この法律において「電子利用者証明」とは、電気通信回線に接続している電子計算機を利用しようとする者がその利用の際に行う措置で、当該措置を行った者が機構が当該措置を行うことができるとした者と同一の者であることを証明するものであって、総務省令で定める基準に適合するものをいう。

3 この法律において「認証業務」とは、署名認証業務及び利用者証明認証業務をいう。

4 この法律において「署名認証業務」とは、自らが行う電子署名についてその業務を利用する者（以下「署名利用者」という。）、第十七条第四項に規定する署名検証者又は同条第六項に規定する団体署名検証者の求めに応じて行

第二章 認証業務

第一節 署名認証業務

第一款 署名用電子証明書

（電子署名の基準）

第二条 法第二条第一項に規定する総務省令で定める基準は、電子署名（電子署名及び認証業務に関する法律（平成十二年法律第百二号）第二条第一項に規定する電子署名をいう。以下同じ。）の安全性がほぼ同じ大きさの二つの素数の積である二千四十八ビット以上の整数の素因数分解の有する困難性に基づくものであることとする。

（署名利用者符号及び署名利用者検証符号の対応）

第三条 法第二条第四項の規定による対応は、署名利用者符号及び署名利用者検証符号が住所地市町村長の使用に係る電子計算機を用いて作成されることにより対応するものであることとする。

（用語）

第一条 この技術的基準において使用する用語は、電子署名等に係る地方公共団体情報システム機構の認証業務に関する法律（平成十四年法律第百五十三

う署名利用者検証符号（当該署名利用者が電子署名を行うために用いる符号（以下「署名利用者符号」という。）と総務省令で定めるところにより対応する符号であって、当該電子署名が当該署名利用者符号を用いて行われたものであることを確認するために用いられるものをいう。以下同じ。）が当該署名利用者のものであることの証明に関する業務をいう。

5　この法律において「利用者証明認証業務」とは、自らが行う電子利用者証明についてその業務を利用する者（以下「利用者証明利用者」という。）又は第三十六条第二項に規定する利用者証明検証者の求めに応じて行う利用者証明利用者検証符号（当該利用者証明利用者が電子利用者証明を行うために用いる符号（以下「利用者証明利用者符号」という。）と総務省令で定めるところにより対応する符号であって、当該電子利用者証明が当該利用者証明利用者符号を用いて行われたものであることを確認するために用いられるものをいう。以下同じ。）が当該利用者証明利用者のものであることの証明に関する業務をいう。

号。以下「法」という。）及び電子署名等に係る地方公共団体情報システム機構の認証業務に関する法律施行規則（平成十五年総務省令第百二十号。以下「規則」という。）において使用する用語の例によるほか、次の定義に従うものとする。

一　「受付窓口端末アプリケーション」とは、法第三条第五項の規定による申請書の内容及び署名利用者検証符号の通知、同条第六項の規定により地方公共団体情報システム機構（以下「機構」という。）が通知する署名用電子証明書の受信及び同条第七項の規定による署名用電子証明書の同条第四項の電磁的記録媒体への記録、法第二十二条第五項の規定による申請書の内容及び利用者証明利用者検証符号の通知、同条第六項の規定により機構が通知する利用者証明用電子証明書の受信及び同条第七項の規定による利用者証明用電子証明書の同条第四項の電磁的記録媒体への記録並びに規則第六十五条第一項の規定により認証業務関連事務を機構に行わせることとした場合にあっては、規則第六十六条第一項に規定する通知を行うためのアプリケー

第二章　認証業務

第一節　署名認証業務

第一款　署名用電子証明書

（署名用電子証明書の発行）

第三条　住民基本台帳に記録されている者は、その者が記録されている住民基本台帳を備える市町村（特別区を含む。以下同じ。）の市町村長（特別区の区長を含む。以下同じ。）を経由して、機構に対し、自己に係る署名用電子証明書（署名利用者検証符号が当該署名利用者のものであることを証明するために作成される電磁的記録（電子的方式、磁気的方式その他人の知覚によっては認識することができない方式で作られる記録であって、電子計算機による情報処理の用に供されるものをいう。以下同じ。）をいう。以下同じ。）の発行の申請をすることができる。

ションをいう。

二　「コミュニケーションサーバ端末アプリケーション」とは、電気通信回線を通じた送信又は磁気ディスクの送付の方法並びに磁気ディスクへの記録及びその保存の方法に関する技術的基準（平成十四年総務省告示第三百三十四号。以下「住民基本台帳ネットワークシステム技術的基準」という。）第1の2に規定するコミュニケーションサーバを操作する目的を実現するためのアプリケーションをいう。

三　「統合端末」とは、第一号に規定する受付窓口端末アプリケーション及び前号に規定するコミュニケーションサーバ端末アプリケーションを搭載した電子計算機をいう。

四　「鍵ペア生成装置」とは、法第三条第四項の規定により住所地市町村長が署名利用者符号及び署名利用者検証符号を作成し同項の電磁的記録媒体に記録するため並びに法第二十二条第四項の規定により住所地市町村長が利用者証明利用者符号及び利用者証明利用者検証符号を作成し同項の電磁的記録媒体に記録するための住所地市町村長の使用に係る電子

2　前項の申請をしようとする者（以下この条において「申請者」という。）は、その者が記録されている住民基本台帳を備える市町村の市町村長（以下「住所地市町村長」という。）に対し、政令で定めるところにより、当該申請者に係る住民票に記載されている事項のうち住民基本台帳法（昭和四十二年法律第八十一号）第七条第一号から第

（署名用電子証明書の発行の申請書の記載事項）

第一条　電子署名等に係る地方公共団体情報システム機構の認証業務に関する法律（平成十四年法律第百五十三号。以下「法」という。）第三条第二項に規定する申請書には、同項に規定する事項のほか、申請の年月日その他の総務省令で定める事項を記載しなければならない。

計算機（規則第六十五条第一項の規定により認証業務関連事務を機構に行わせることとした場合にあっては、同項第一号ハ及び第二号の規定により機構が設置、管理及び運用する電子計算機）をいう。

（電子署名及び電子利用者証明に係る基準）

第二条　規則第二条の基準を満たす電子署名の方式及び規則第三十八条の基準を満たす電子利用者証明の方式は、RSA方式（オブジェクト識別子　一　二　八四〇　一一三五四九　一　一　一）であってモジュラスとなる合成数が二千四十八ビットのものとする。

（署名用電子証明書の発行の申請書の記載事項）

第四条　電子署名等に係る地方公共団体情報システム機構の認証業務に関する法律施行令（平成十五年政令第四百八号。以下「令」という。）第一条に規定する総務省令で定める事項は、申請の年月日とする。

三号まで及び第七号に掲げる事項（同号に掲げる事項については、住所とする。）を記載した申請書（以下この条において「申請書」という。）を提出しなければならない。

3　住所地市町村長は、前項の規定により申請書の提出を受けたときは、申請者が当該市町村の備える住民基本台帳に記録されている者であることの確認（以下この条において「署名利用者確認」という。）をするものとし、署名利用者確認のため、総務省令で定めるところにより、これを証明する書類の提示又は提出を申請者に求めることができる。

（署名利用者確認の際に提出する書類）

第五条　法第三条第三項の規定による書類の提示又は提出の求めは、次の各号に掲げるいずれかの書類の提示又は提出を求めることにより行うものとする。

一　出入国管理及び難民認定法（昭和二十六年政令第三百十九号）第二条第五号に規定する旅券（以下「旅券」という。）、同法第十八条の二第三項に規定する一時庇護許可書（以下「一時庇護許可書」という。）、同法第十九条の三に規定する在留カード（以下「在留カード」という。）、同法第六十一条の二の四第二項に規定する仮滞在許可書（以下「仮滞在許可書」という。）、日本国との平和条約に基づき日本の国籍を離脱した者等の出入国管理に関する特例法（平成三年法律第七十一号）第七条第一項に規定する特別永住者証明書（以下「特別永住者証明書」という。）、別表に掲げる免許証、許可証若しくは資格証明書等、行政手続における特定の個人を識別するための番号の利用等に関する法律（平成二十五年法律第二十七号。第十七条及び第五十三条において「番号利用法」という。）第二条第七項に規定する個人番号カード（以下「個人番号カード」という。）又は官公庁（独立行政法人（独立行政法人通則法（平成十一年法律第百三号）第二条第一項に規定する独立行政法人をいう。）、地方独立行政法人（地方独立行政法人法（平成十五年法律第百十八号）第二条第一項に規定する地方独立行政法人をいう。）及び特殊法人（法律によって直接に設立された法人又は特別の法律により特別の設立行為をもって設立された法人であって、総務省設置法（平成十一年法律第九十一号）第四条第一項第九号の規定の適用を受けるものをいう。）を含む。以下同じ。）がその職員に対して発行した身分を証明するに足りる文書で当該職員の写真を貼り付けたものであって申請者が当該申請者本人であることを確認するため住所地市町村長が適当と認めるもの

二　署名用電子証明書の発行の申請について、申請者が本人であること及

び当該申請が本人の意思に基づくものであることを確認するため、郵便その他住所地市町村長が適当と認める方法により当該申請者に対して文書で照会したその回答書及び住所地市町村長が適当と認める書類

2　住所地市町村長は、法第三条第三項に規定する署名利用者確認を代理人を通じてするときは、当該代理人に対し、申請者本人の署名又は記名押印がある委任状及び次の各号に掲げる書類の提示又は提出を求めるものとする。

一　旅券、一時庇護許可書、在留カード、仮滞在許可書、特別永住者証明書、別表に掲げる免許証、許可証若しくは資格証明書等、個人番号カード又は官公庁がその職員に対して発行した身分を証明するに足りる文書で当該職員の写真を貼り付けたものであって代理人が当該代理人本人であることを確認するため住所地市町村長が適当と認めるもの

二　署名用電子証明書の発行の申請について、申請者が本人であること及び当該申請が本人の意思に基づくものであることを確認するため、郵便その他住所地市町村長が適当と認める方法により当該申請者に対して文

書で照会したその回答書及び住所地市町村長が適当と認める書類

3　前二項の規定は、法第九条第二項において準用する法第三条第三項の規定による書類の提示又は提出の求めについて準用する。この場合において、第一項第二号及び前項第二号中「署名用電子証明書の発行の申請」とあるのは、「法第九条第一項の申請」と読み替えるものとする。

4　第一項及び第二項の規定は、法第十条第二項において準用する法第三条第三項の規定による書類の提示又は提出の求めについて準用する。この場合において、第一項第一号中「申請者が」とあるのは「届出者が」と、「申請者本人」とあるのは「届出者本人」と、同項第二号中「署名用電子証明書の発行の申請」とあるのは「法第十条第一項の届出」と、「申請者」とあるのは「届出者」と、「当該申請」とあるのは「当該届出」と、第二項中「申請者本人」とあるのは「届出者本人」と、同項第二号中「署名用電子証明書の発行の申請」とあるのは「法第十条第一項の申請」と、「申請者」とあるのは「届出者」と、「当該申請」とあるのは「当該届出」と読み替えるものとする。

（署名利用者確認及び利用者証明利用者確認の方法等）

第三条　法第三条第三項に規定する署名利用者確認及び法第二十二条第三項に規定する利用者証明利用者確認は、統合端末を用いて行うものとする。この場合において、住所地市町村長は、コミュニケーションサーバ端末アプリケーションを用いて申請者に係る住民票に記載されている事項のうち住民基本台帳法（昭和四十二年法律第八十一号）第七条第一号から第三号まで及び第七号に掲げる事項（同号に掲げる事項については、住所とする。以下この項及び第十一条において同じ。）（申請者が氏に変更があった者であって、その者に係る住民票に旧氏（住民基本台帳法施行令（昭和四十二年政令第二百九十二号）第三十条の十三に規定する旧氏をいう。以下この項において同じ。）が記載されている場合にあっては同法第七条第一号に掲げる事項及び旧氏並びに同条第二号、第三号及び第七号に掲げる事項とし、申請者が外国人住民（同法第三十条の四十五に規定する外国人住民をいう。以下この項において同じ。）であって、当該外国人住民に係る住民票に通称（同令第三十条の十六第一項に規定する通称をいう。以下この項において同じ。）が記載されている場合にあっては同法第七条第一号に掲げる事項及び通称並びに同条第二号、第三号及び第七号に掲げる事項とする。第十一条において同じ。）のファイルを作成した後、受付窓口端末アプリケーションを起動し、当該ファイルを取り込むものとする。

2　統合端末については、個人識別情報（指紋、手の静脈その他の個人を識別することができる情報をいう。以下この項において同じ。）による操作者の認証を行うものとする。ただし、個人識別情報による認証がやむを得ない事情により著しく困難であると認められる操作者については、識別符号及び暗証符号による認証を行うものとする。

3　コミュニケーションサーバ端末アプリケーションの操作権限と受付窓口端末アプリケーションの操作権限を区別し、それぞれのアプリケーションについて操作が必要な職員のみ操作が行えるよう、アクセス制御を行うものとする。

（暗証番号の基準等）

第四条　規則第六条第二項の規定により

4　住所地市町村長は、前項の規定により署名利用者確認をしたときは、総務省令で定めるところにより、当該申請者の署名利用者符号及びこれと対応する署名利用者検証符号を作成し、これらを当該申請者の個人番号カード（行政手続における特定の個人を識別するための番号の利用等に関する法律（平成二十五年法律第二十七号）第二条第七項に規定する個人番号カードをいう。第二十二条第四項及び第三十八条の二第一項において同じ。）その他の総務省令で定める電磁的記録媒体（電磁的記録に係る記録媒体をいう。以下同じ。）に記録するものとする。

法第三条第二項に規定する申請者が設定する暗証番号又は規則第四十二条第二項の規定により法第二十二条第二項に規定する申請者が設定する暗証番号は、他人から容易に推測されるものであってはならない。

（署名利用者符号及び署名利用者検証符号の作成の方法等）

第六条　法第三条第四項の規定による署名利用者符号及び署名利用者検証符号の作成は、電子計算機の操作によるものとし、署名利用者符号及び署名利用者検証符号の作成の方法に関する技術的基準については、総務大臣が定める。

2　申請者は、法第三条第四項の規定により住所地市町村長が署名利用者符号及び署名利用者検証符号を作成し、及びこれらを同項の電磁的記録媒体に記録するときは、当該電磁的記録媒体に記録された署名利用者符号を利用するために用いる暗証番号を設定するものとする。

3　住所地市町村長は、法第三条第四項の規定により作成した署名利用者符号及びその複製を、当該住所地市町村長の使用に係る電子計算機に記録しないものとする。

（署名利用者符号及び署名利用者検証符号を記録する電磁的記録媒体）

第七条　法第三条第四項に規定する総務省令で定める電磁的記録媒体は、個人番号カードその他の半導体集積回路を一体として組み込んだカード（住所地市町村長の使用に係る電子計算機の操作により署名利用者符号及び署名利用者検証符号を安全かつ確実に記録できるものに限る。）であって、総務大臣が定める技術的基準を満たすものとする。

（鍵ペア生成装置の基準）

第五条　鍵ペア生成装置は、次に掲げる要件を満たすものとする。

一　内部の情報を読み取られることを防止するための必要な機能を有すること。

二　署名利用者符号及び署名利用者検証符号並びに利用者証明利用者符号及び利用者証明利用者検証符号の作成に当たり、素数の判定その他の措置が適切に行われるものであること。

三　当該鍵ペア生成装置を用いて過去に作成された署名利用者符号若しくは署名利用者検証符号又は利用者証明利用者符号若しくは利用者証明利

用者検証符号と同一の署名利用者符号若しくは署名利用者検証符号又は利用者証明利用者符号若しくは利用者証明利用者検証符号が作成されることを防止するための措置が講じられていること。

四 作成した署名利用者符号又は利用者証明利用者符号を署名利用者又は利用者証明利用者の電磁的記録媒体に送信する場合において、当該署名利用者符号又は当該利用者証明利用者符号を暗号化して送信するための必要な機能を有すること。

（署名利用者符号及び署名利用者検証符号又は利用者証明利用者符号及び利用者証明利用者検証符号を記録する電磁的記録媒体の基準）

第六条 法第三条第四項の規定により署名利用者符号及び署名利用者検証符号を記録する電磁的記録媒体又は法第二十二条第四項の規定により利用者証明利用者符号及び利用者証明利用者検証符号を記録する電磁的記録媒体は、次に掲げる要件を満たすものとする。

一 電磁的記録媒体が個人番号カードの場合にあっては、公的個人認証サービス利用領域（個人番号カードに関する技術的基準（平成二十七年総務省告示第三百十四号）第1の10に規定する公的個人認証サービス利用領域をいう。）に署名利用者符号及び署名利用者検証符号、署名用電子証明書並びに規則第六条第二項の暗証番号並びに利用者証明利用者符号及び利用者証明利用者検証符号、利用者証明用電子証明書並びに規則第四十二条第二項の暗証番号を記録することが可能であること。

二　個人番号カード以外の電磁的記録媒体にあっては、次の要件のすべてを満たすこと。

イ　半導体集積回路上に公的個人認証サービスアプリケーション（個人番号カードに関する技術的基準第1の9に規定する公的個人認証サービスアプリケーションをいう。）のための専用の領域を有すること。

ロ　イに規定する領域に署名利用者符号及び署名利用者検証符号、署名用電子証明書並びに規則第六条第二項の暗証番号並びに利用者証明利用者符号及び利用者証明利用者検証符号、利用者証明用電子証明書並びに規則第四十二条第二項の暗証番号を記録することが可能であること。

ハ　イに規定する領域とそれ以外の領域は、電磁的記録媒体の内部でそれぞれ独立し、イに規定する領域以外の領域に搭載されているアプリケーションに係るシステムが、イに規定する領域に情報を記録し、又は当該領域に記録された情報を読み取ることができない仕組みを保持すること。

三　受付窓口端末アプリケーション（規則第六十五条第一項の規定により認証業務関連事務を機構に行わせることとした場合にあっては、個人番号カードの作成を行う電子計算機）との間で乱数等を送受信することにより、当該受付窓口端末アプリケーションが正当なものであることを確認するための必要な機能を有すること。

四　前条第四号の規定により暗号化されて送信された署名利用者符号又は利用者証明利用者符号を復号するために必要な機能を有すること。

五　署名利用者符号又は利用者証明利用者符号の電磁的記録媒体の外部からの読み取りを防止するために必要

5 住所地市町村長は、前項の規定による記録をしたときは、総務省令で定めるところにより、当該申請者に係る申請書の内容及び署名利用者検証符号を機構に通知するものとする。

6 前項の規定による通知を受けた機構は、総務省令で定めるところにより、機構が電子署名を行った当該申請に係る署名用電子証明書を発行し、これを住所地市町村長に通知するものとする。

7 前項の規定による通知を受けた住所地市町村長は、総務省令で定めるところにより、当該通知に係る署名用電子証明書を第四項の電磁的記録媒体に記録して申請者に提供するものとする。

な機能を有すること。

（受付窓口端末アプリケーションの基準）

第七条 受付窓口端末アプリケーションは、次に掲げる要件を満たすものとする。

一 法第三条第五項の規定による申請書の内容及び署名利用者検証符号の通知の受信、同条第六項の規定による機構の署名用電子証明書の通知、法第九条第二項において準用する法第三条第五項の規定による申請書の内容の通知の受信及び法第十条第二項において準用する法第三条第五項の規定による届出書の内容の通知の受信等並びに法第二十二条第五項の規定による申請書の内容及び利用者証明利用者検証符号の通知の受信、同条第六項の規定による機構の利用者証明用電子証明書の通知、法第二十八条第二項において準用する法第二十二条第五項の規定による申請書の内容の通知の受信及び法第二十九条第二項において準用する法第二十二条第五項の規定による届出書の内容の通知の受信等並びに規則第六十六条第一項の規定による通知に用いる電子計算機と相互に認証を行うために必要な機能を有すること。

二 署名利用者符号及び署名利用者検証符号又は利用者証明利用者符号及び利用者証明利用者検証符号を記録する電磁的記録媒体との間で乱数等を送受信することにより、当該受付窓口端末アプリケーションが正当なものであることを認証するための必要な機能を有すること。

（署名用電子証明書発行者署名符号又は利用者証明用電子証明書発行者署名符号を作成する電子計算機等の基準）

第八条 署名用電子証明書発行者署名符号又は利用者証明用電子証明書発行者署名符号を作成するための機構の使用に係る電子計算機は、次に掲げる要件を満たすものとする。

一 外部から内部の情報を読み取られることを防止するための必要な機能を有すること。

二 取扱いに際しては、操作者が正当なアクセス権限を有していることを確認するために必要な機能を有していること。

三 署名用電子証明書発行者署名符号又は利用者証明用電子証明書発行者

署名符号の入力及び出力に当たって、適切な保護措置が講じられるものであること。

四　バックアップ用の署名用電子証明書発行者署名符号又は利用者証明用電子証明書発行者署名符号の複製を行うことが可能であるとともに、複製されたバックアップ用の署名用電子証明書発行者署名符号又は利用者証明用電子証明書発行者署名符号を安全に保存することができるものであること。

五　署名用電子証明書発行者署名符号又は利用者証明用電子証明書発行者署名符号の作成に当たり、素数の判定その他の措置が適切に行われるものであること。

2　署名用電子証明書発行者署名符号及び利用者証明用電子証明書発行者署名符号を用いて行う電子署名の方式は、RSA方式（オブジェクト識別子　一　二　八四〇　一一三　五四九　一　一　一一）であってモジュラスとなる合成数が二千四十八ビットのものとする。

3　署名用電子証明書発行者署名符号及び利用者証明用電子証明書発行者署名符号の使用期間は、四年とする。

8　第五項の規定による申請書の内容及び署名利用者検証符号の通知並びに第六項の規定による署名用電子証明書の通知は、総務省令で定めるところにより、住所地市町村長又は機構の使用に係る電子計算機から電気通信回線を通じて相手方である機構又は住所地市町村長の使用に係る電子計算機に送信することによって行うものとする。

（機構への通知）

第八条　法第三条第五項の規定による申請書の内容及び署名利用者検証符号の地方公共団体情報システム機構（以下「機構」という。）への通知は、これらを暗号化して行うものとする。

（署名用電子証明書の発行の方法等）

第九条　法第三条第六項の規定による署名用電子証明書の発行は、機構の使用に係る電子計算機の操作によるものとし、署名用電子証明書の発行の方法に関する技術的基準については、総務大臣が定める。

2　法第三条第六項の規定による署名用電子証明書の住所地市町村長への通知は、これを暗号化して行うものとする。

（署名用電子証明書の提供に係る手続）

第十条　法第三条第七項の規定により住所地市町村長が署名用電子証明書を申請者に提供するときは、次に掲げる措置を行うものとする。

一　申請者に対し、その求めに応じ、申請に係る署名用電子証明書の写し（法第三条第四項の電磁的記録媒体に記録されている署名用電子証明書を印字したものをいう。）を交付す

（令和元年法律第一六号一部改正・未施行）

見出しを削り、同条の前に見出しとして「（署名用電子証明書の発行）」を付し、同条第二項中「住所とする」の下に「。以下同じ」を加え、同条第四項中「第二十二条第四項」の下に「及び第三十八条の二第一項」を加える。

第三条の次に次の一条を加える。

第三条の二　戸籍の附票に記録されている国外転出者（住民基本台帳法第十七条第三号に規定する国外転出者をいう。以下同じ。）は、その者が記録されている戸籍の附票を備える市町村の市町村長（以下「附票管理市町村長」という。）を経由して、機構に対し、自己に係る署名用電子証明書の発行の申請をすることができる。

2　前条第二項から第八項までの規定は、前項の申請について準用する。この場合において、同条第二項中「住民基本台帳を」とあるのは「戸籍の附票を」と、「住所地市町村長」とあるのは「附票管理市町村長」と、「住民票」とあるのは「戸籍の附票」と、「第七条

ること。

二　申請者に対し、書類の交付その他の適切な方法により、署名用電子証明書の利用方法その他の署名認証業務の利用に関する重要な事項についての説明を行うこと。

三　その他総務大臣が必要と認める措置

（署名用電子証明書又は利用者証明用電子証明書の提供に際しての申請者への説明事項）

第九条　法第三条第七項の規定により住所地市町村長が署名用電子証明書を申請者に提供するときは、次に掲げる事項を申請者に説明しなければならない。

一　電子署名は署名又は押印に相当する法的効果が認められ得るものであることから、法第四条の規定により、署名利用者は、自己に係る署名利用者符号の漏えい、滅失又は毀損の防止その他の署名利用者符号の適切な管理を行わなければならないこと。

二　法第十条第一項の規定により、署名利用者は、署名利用者符号が漏えいし、滅失し、若しくは毀損したとき、又は当該署名利用者符号を記録した電磁的記録媒体が使用できなく

第一号から第三号まで及び第七号に掲げる事項（同号に掲げる事項については、住所とする。以下同じ。）」とあるのは「第十七条第二号から第六号までに掲げる事項」と、同条第三項中「住所地市町村長」とあるのは「附票管理市町村長」と、「住民基本台帳」とあるのは「戸籍の附票」と、同条第四項から第八項までの規定中「住所地市町村長」とあるのは「附票管理市町村長」と読み替えるものとする。

〔施行日＝公布の日から起算して五年を超えない範囲内において政令で定める日＝附則一条十参照〕

なったときは、住所地市町村長を経由して、速やかに当該署名利用者に係る署名用電子証明書を発行した機構にその旨を届け出なければならないこと。

三　虚偽の申請をして、不実の署名用電子証明書を発行させた者は、法第七十三条の規定により罰せられること。

2　法第二十二条第七項の規定により住所地市町村長が利用者証明用電子証明書を申請者に提供するときは、次に掲げる事項を申請者に説明しなければならない。

一　電子利用者証明は電気通信回線に接続している電子計算機を利用しようとする者がその利用の際に行う措置であって、当該措置を行った者が機構が当該措置を行うことができるとした者と同一の者であることを証明するものであることから、法第二十三条の規定により、利用者証明利用者は、自己に係る利用者証明利用者符号の漏えい、滅失又は毀損の防止その他の利用者証明利用者符号の適切な管理を行わなければならないこと。

二　法第二十九条第一項の規定により、

利用者証明利用者は、利用者証明利用者符号が漏えいし、滅失し、若しくは毀損したとき、又は当該利用者証明利用者符号を記録した電磁的記録媒体が使用できなくなったときは、住所地市町村長を経由して、速やかに当該利用者証明利用者に係る利用者証明用電子証明書を発行した機構にその旨を届け出なければならないこと。

三　虚偽の申請をして、不実の利用者証明用電子証明書を発行させた者は、法第七十三条の規定により罰せられること。

（申請書の内容等の通知の方法）

第十一条　法第三条第八項の規定による申請書の内容及び署名利用者検証符号の通知並びに署名用電子証明書の通知は、電子計算機の操作によるものとし、電気通信回線を通じた送信の方法に関する技術的基準については、総務大臣が定める。

（住所地市町村長と機構との間の情報の送受信）

第十条　法第三条第八項及び第二十二条第八項に規定する電気通信回線は、住民基本台帳ネットワークシステム技術的基準第1の1に規定する住民基本台帳ネットワークシステム（第三十七条第一項において「住民基本台帳ネットワークシステム」という。）その他の電気通信回線であって総務大臣が適当と認めるものでなければならない。

2　法第三条第五項の規定による申請書の内容及び署名利用者検証符号の通知並びに同条第六項の規定による署名用電子証明書の通知を同条第八項の規定により電気通信回線を通じて送信するときは、住所地市町村長又は機構は、当該申請書の内容及び署名利用者検証符号並びに署名用電子証明書を暗号化しなければならない。

3　法第二十二条第五項の規定による申請書の内容及び利用者証明利用者検証符号の通知並びに同条第六項の規定による利用者証明用電子証明書の通知を同条第八項の規定により電気通信回線を通じて送信するときは、住所地市町村長又は機構は、当該申請書の内容及び利用者証明利用者検証符号並びに利用者証明用電子証明書を暗号化しなければならない。

（署名用電子証明書及び利用者証明用

（署名利用者符号の適切な管理）
第四条　署名利用者は、総務省令で定めるところにより、当該署名利用者の署名利用者符号の漏えい、滅失及び毀損の防止その他署名利用者符号の適切な管理を行わなければならない。

（署名用電子証明書の有効期間）
第五条　署名用電子証明書の有効期間は、総務省令で定める。

（電子証明書の様式）
第十一条　署名用電子証明書及び利用者証明用電子証明書の様式は、ＩＴＵ―Ｔ勧告Ｘ．５０９（０３／２０００）に準拠するものとし、署名利用者に係る住民票に記載されている事項のうち住民基本台帳法第七条第一号から第三号まで及び第七号に掲げる事項は、署名用電子証明書の拡張領域に記録するものとする。

（署名利用者符号の管理の方法）
第十二条　法第四条の規定による署名利用者符号の漏えい、滅失及び毀損の防止その他署名利用者符号の適切な管理は、次に掲げるところによるものとする。
一　法第三条第四項の規定により署名利用者符号の記録された同項の電磁的記録媒体を他人に譲渡し、又はみだりに貸与しないこと。
二　第六条第二項の規定により設定した暗証番号をみだりに他人に知らせないこと。

（署名用電子証明書の有効期間）
第十三条　法第五条に規定する署名用電子証明書の有効期間は、署名用電子証

（署名用電子証明書の二重発行の禁止）

第六条　署名利用者は、当該署名利用者に係る署名用電子証明書が第十五条第一項の規定により効力を失わない限り、重ねて署名用電子証明書の発行を受けることができない。

（署名用電子証明書の記録事項）

第七条　署名用電子証明書には、次に掲げる事項を記録するものとする。

一　署名用電子証明書の発行の番号、発行年月日及び有効期間の満了する日

二　署名利用者検証符号及び当該署名

明書の発行の日から次に掲げる日のうちいずれか早い日までとする。

一　発行の日後の申請者の五回目（申請者が発行を受けている署名用電子証明書の有効期間が満了する日までの期間が三月未満となった場合において、申請者が法第九条第一項の規定による当該署名用電子証明書の失効を求める旨の申請及び法第三条第一項の規定による新たな署名用電子証明書の発行の申請をし、当該新たな署名用電子証明書の発行を受けるときにあっては、六回目）の誕生日

二　申請者が利用者証明用電子証明書の発行を受けている場合にあっては、当該利用者証明用電子証明書の有効期間が満了する日

三　当該署名用電子証明書が記録された個人番号カードの有効期間が満了する日

（署名用電子証明書の記録事項）

第十四条　法第七条第二号に規定する総務省令で定めるものは、署名利用者検証符号に係るアルゴリズムの識別子とする。

2　法第七条第四号に規定する総務省令で定める事項は、次に掲げる事項とす

利用者検証符号に関する事項で総務省令で定めるもの

三 署名利用者に係る住民票に記載されている事項のうち住民基本台帳法第七条第一号から第三号まで及び第七号に掲げる事項（同号に掲げる事項については、住所とする。）

四 その他総務省令で定める事項

（令和元年法律第一六号一部改正・未施行）

第三号中「同号に掲げる事項については、住所とする。」を「国外転出者である署名利用者にあっては、当該署名利用者に係る戸籍の附票に記載されている事項のうち同法第十七条第二号から第六号までに掲げる事項」に改め、同条に次の一項を加える。

2 国外転出届（住民基本台帳法第十七条第三号に規定する国外転出届をいう。以下同じ。）をした者が当該国外転出届をしてから当該国外転出届に記載された転出の予定年月日までの間に第三条の規定により署名用電子証明書の発行を受ける場合における前項の規定の適用については、同項第三号中「及び第七号に掲げる事項（国外

る。

一 署名用電子証明書を発行した機構の名称

二 署名用電子証明書の用途に関する事項

三 その他総務大臣が定める事項

転出者である署名利用者にあっては、当該署名利用者に係る戸籍の附票に記載されている事項のうち同法第十七条第二号から第六号までに掲げる事項）」とあるのは、「に掲げる事項、国外転出者である旨及びその国外転出届（同法第十七条第三号に規定する国外転出届をいう。）に記載された転出の予定年月日」とする。
〔施行日＝公布の日から起算して五年を超えない範囲内において政令で定める日＝附則一条十参照〕

（署名用電子証明書発行記録の記録）
第八条　機構は、署名用電子証明書を発行したときは、総務省令で定めるところにより、当該署名用電子証明書（当該署名用電子証明書について機構が行った電子署名に係る電磁的記録を含む。）及び当該署名用電子証明書の発行を受けた署名利用者に係る住民票に記載されている住民基本台帳法第七条第十三号に規定する住民票コード（以下「署名用電子証明書発行記録」という。）を電磁的記録媒体に記録し、これを発行した日から政令で定める期間

（署名用電子証明書発行記録の保存期間）
第二条　法第八条の政令で定める期間は、同条の規定により地方公共団体情報システム機構（以下「機構」という。）が記録した署名用電子証明書発行記録（同条に規定する署名用電子証明書発行記録をいう。以下この条において同じ。）に係る署名用電子証明書（法第三条第六項の規定により発行される同条第一項に規定する署名用電子証明書をいう。第八条第二号において同じ。）の発行の日から、当該署名用電子証明書の署名用電子証明書発行記録に係る署名用電子証明書の

（署名用電子証明書発行記録の記録及び保存の方法）
第十五条　法第八条の規定による署名用電子証明書発行記録の記録及び保存は、電子計算機の操作によるものとし、電磁的記録媒体（法第三条第一項に規定する電磁的記録に係る記録媒体をいう。以下同じ。）への記録及びその保存の方法に関する技術的基準については、総務大臣が定める。

（署名用電子証明書発行記録及び利用者証明用電子証明書発行記録の記録及び保存の方法）

保存しなければならない。

（令和元年法律第一六号一部改正・未施行）

「住民票に」を「住民票（国外転出者である署名利用者にあっては、当該署名利用者に係る戸籍の附票）に」に改める。

〔施行日＝公布の日から起算して五年を超えない範囲内において政令で定める日＝附則一条十参照〕

（署名用電子証明書の失効を求める旨の申請）

第九条　署名利用者は、機構に対し、当該署名利用者に係る署名用電子証明書の失効を求める旨の申請をすることができる。

2　第三条第二項、第三項、第五項及び第八項の規定は、前項の申請について準用する。この場合において、同条第五項中「前項の規定による記録をしたときは、総務省令で定めるところにより」とあるのは「総務省令で定めるところにより」と、「申請書の内容及び署名利用者検証符号」とあるのは「申請書の内容」と、同条第八項中「申請書の内容及び署名利用者検証符号の通

有効期間（法第五条に規定する署名用電子証明書の有効期間をいう。以下同じ。）の満了すべき日の翌日から起算して十年を経過する日までとする。

第十二条　法第八条の規定による署名用電子証明書発行記録の記録及び保存並びに法第二十七条の規定による利用者証明用電子証明書発行記録の記録及び保存は、専用の電磁的記録媒体（法第三条第一項に規定する電磁的記録に係る記録媒体をいう。以下同じ。）に記録し、保存することにより行うものとする。

2　機構は、署名用電子証明書発行記録及び利用者証明用電子証明書発行記録を記録し及び保存した電磁的記録媒体の滅失又は毀損の防止その他の電磁的記録媒体の適切な管理を行わなければならない。

知並びに第六項の規定による署名用電子証明書」とあるのは「申請書の内容」と、「住所地市町村長又は機構」とあるのは「住所地市町村長」と、「機構又は住所地市町村長」とあるのは「機構」と読み替えるものとする。

3　署名利用者は、前項において準用する第三条第二項、第三項、第五項及び第八項の規定によるほか、総務省令で定めるところにより、当該署名利用者の使用に係る電子計算機から電気通信回線を通じて機構の使用に係る電子計算機に送信することにより第一項の申請をすることができる。この場合においては、当該署名利用者は、当該署名利用者の署名利用者符号を用いて、当該申請に電子署名を行わなければならない。

（令和元年法律第一六号一部改正・未施行）

第二項中「の申請」の下に「（国外転出者である署名利用者による申請を除く。）」を加え、「で定めるところにより」を削り、同条第三項中「前項」を「第二項」に改め、「第八項」の下に「又は前項において準用する第三条の二第二項において準用する第三条第二項、第三項、第五項

（署名用電子証明書の失効を求める旨の申請の通知の方法）

第十六条　法第九条第三項の規定による同条第一項の署名用電子証明書の失効を求める旨の申請は、これを暗号化して行うものとする。

及び第八項」を加え、同項を同条第四項とし、同条第二項の次に次の一項を加える。

3　第三条の二第二項において読み替えて準用する第三条第二項、第三項、第五項及び第八項の規定は、第一項の申請（国外転出者である署名利用者による申請に限る。）について準用する。この場合において、同条第五項中「前項の規定による記録をしたときは、総務省令」とあるのは「総務省令」と、「申請書の内容及び署名利用者検証符号」とあるのは「申請書の内容」と、同条第八項中「申請書の内容及び署名利用者検証符号の通知並びに第六項の規定による署名用電子証明書」とあるのは「申請書の内容」と、「附票管理市町村長又は機構」とあるのは「附票管理市町村長」と、「機構又は附票管理市町村長」とあるのは「機構」と読み替えるものとする。

〔施行日＝公布の日から起算して五年を超えない範囲内において政令で定める日＝附則一条十参照〕

（署名利用者符号の漏えい等があった旨の届出）

第十条 署名利用者は、当該署名利用者の署名利用者符号が漏えいし、滅失し、若しくは毀損したとき、又は当該署名利用者符号を記録した第三条第四項の電磁的記録媒体が使用できなくなったときは、住所地市町村長を経由して、速やかに機構にその旨の届出をしなければならない。

2　第三条第二項、第三項、第五項及び第八項の規定は、前項の届出について準用する。この場合において、同条第二項中「申請者」とあるのは「届出者」と、「申請書」とあるのは「届出書」と、同条第三項中「申請書」とあるのは「届出書」と、「申請者」とあるのは「届出者」と、同条第五項中「前項の規定による記録をしたときは、総務省令で定めるところにより」とあるのは「総務省令で定めるところにより」と、「申請者」とあるのは「届出者」と、「申請書の内容及び署名利用者検証符号」とあるのは「届出書の内容」と、同条第八項中「申請書の内容及び署名利用者検証符号の通知並びに第六項の規定による署名用電子証明書」とあるのは「届出書の内容」と、

（個人番号カードがその効力を失い使用できなくなった場合の届出の特例）

第十七条 法第三条第四項の規定により署名利用者符号を記録した個人番号カードが、番号利用法第十七条第六項の規定によりその効力を失い、使用できなくなったときは、機構に対し、当該署名利用者符号に係る署名利用者による法第十条第一項の規定による法第三条第四項の電磁的記録媒体が使用できなくなった旨の届出があったものとみなす。

「住所地市町村長又は機構」とあるのは「住所地市町村長」と、「機構又は住所地市町村長」とあるのは「機構」と読み替えるものとする。

（令和元年法律第一六号一部改正・未施行）

第一項中「第三条第四項」の下に「（第三条の二第二項において準用する場合を含む。）」を、「住所地市町村長」の下に「（国外転出者である署名利用者にあっては、附票管理市町村長）」を加え、同条第二項中「の届出」の下に「（国外転出者である署名利用者による届出を除く。）」を、「同条第二項」の下に「及び第三項」を加え、「、同条第三項中「申請書」とあるのは「届出書」と、「申請者」とあるのは「届出者」と」及び「で定めるところにより」を削り、同条に次の一項を加える。

3　第三条の二第二項において読み替えて準用する第三条第二項、第三項、第五項及び第八項の規定は、第一項の届出（国外転出者である署名利用者による届出に限る。）について準用する。この場合において、同条第二項及び第三項中「申請者」とあるのは「届出者」

と、「申請書」とあるのは「届出書」と、同条第五項中「前項の規定による記録をしたときは、総務省令」とあるのは「総務省令」と、「申請者」とあるのは「届出者」と、「申請書の内容及び署名利用者検証符号」とあるのは「届出書の内容」と、同条第八項中「申請書の内容及び署名利用者検証符号の通知並びに第六項の規定による署名用電子証明書」とあるのは「届出書の内容」と、「附票管理市町村長又は機構」とあるのは「附票管理市町村長」と、「機構又は附票管理市町村長」とあるのは「機構」と読み替えるものとする。
〔施行日＝公布の日から起算して五年を超えない範囲内において政令で定める日＝附則一条十参照〕

（署名用電子証明書失効申請等情報の記録）

第十一条　第九条第一項の申請又は前条第一項の届出を受けた機構は、直ちに、当該申請又は届出に係る署名用電子証明書の発行の番号、第九条第一項の申請があった旨又は前条第一項の届出が

（署名用電子証明書失効申請等情報の保存期間）

第三条　法第十一条の政令で定める期間は、同条の規定により機構が署名用電子証明書失効申請等情報（同条に規定する署名用電子証明書失効申請等情報をいう。以下この条において同じ。）

（署名用電子証明書失効申請等情報の記録及び保存の方法）

第十八条　法第十一条の規定による署名用電子証明書失効申請等情報の記録及び保存は、電子計算機の操作によるものとし、電磁的記録媒体への記録及びその保存の方法に関する技術的基準に

あった旨及びこれらの事項をこの条の規定により記録する年月日（以下「署名用電子証明書失効申請等情報」という。）を、総務省令で定めるところにより、電磁的記録媒体に記録し、これを当該記録をした日から政令で定める期間保存しなければならない。

（署名利用者異動等失効情報の記録）

第十二条　機構は、住民基本台帳法第三十条の九に規定する機構保存本人確認情報（第三十一条において「機構保存本人確認情報」という。）によって署名利用者が次に掲げる事由のいずれかに該当することを知ったときは、直ちに、当該署名利用者に発行した署名用

を記録した日から当該署名用電子証明書失効申請等情報に係る署名用電子証明書の有効期間の満了すべき日までとする。

（署名利用者異動等失効情報の保存期間）

第四条　法第十二条の政令で定める期間は、同条の規定により機構が署名利用者異動等失効情報（同条に規定する署名利用者異動等失効情報をいう。以下この条において同じ。）を記録した日から当該署名利用者異動等失効情報に係る署名用電子証明書の有効期間の満

ついては、総務大臣が定める。

（署名用電子証明書失効申請等情報及び利用者証明用電子証明書失効申請等情報の記録及び保存の方法）

第十三条　法第十一条の規定による署名用電子証明書失効申請等情報の記録及び保存並びに法第三十条の規定による利用者証明用電子証明書失効申請等情報の記録及び保存は、専用の電磁的記録媒体に記録し、保存することにより行うものとする。

2　機構は、署名用電子証明書失効申請等情報及び利用者証明用電子証明書失効申請等情報を記録し及び保存した電磁的記録媒体の滅失又は毀損の防止その他の電磁的記録媒体の適切な管理を行わなければならない。

（署名利用者異動等失効情報の記録及び保存の方法）

第十九条　法第十二条の規定による署名利用者異動等失効情報の記録及び保存は、電子計算機の操作によるものとし、電磁的記録媒体への記録及びその保存の方法に関する技術的基準については、総務大臣が定める。

電子証明書の発行の番号、当該事由に該当した旨及びこれらの事項をこの条の規定により記録する年月日（以下「署名利用者異動等失効情報」という。）を、総務省令で定めるところにより、電磁的記録媒体に記録し、これを当該記録をした日から政令で定める期間保存しなければならない。

一　当該署名利用者に係る住民票に記載されている事項のうち住民基本台帳法第七条第一号から第三号まで及び第七号に掲げる事項（同号に掲げる事項については、住所とする。）の全部又は一部について記載の修正（総務省令で定める軽微な修正を除く。）があったこと。

二　当該署名利用者に係る住民票が消除されたこと。

（令和元年法律第一六号一部改正・未施行）

「第三十条の九」を「第三十条の七第四項」に、「（第三十一条において「機構保存本人確認情報」を「又は同法第三十条の四十二第四項に規定する機構保存附票本人確認情報（第三十一条において「機構保存本人確認情報等」に改め、同条第一号中「同号に掲げる事項については、

了すべき日までとする。

（住民票の記載の軽微な修正）

第二十条　法第十二条第一号に規定する総務省令で定める軽微な修正は、次のとおりとする。

一　常用平易な文字（戸籍法（昭和二十二年法律第二百二十四号）第五十条第一項に規定する常用平易な文字をいう。以下この号において同じ。）以外の文字の常用平易な文字への変更に伴う氏名又は住所に係る記載の修正

二　文字の同定に伴う氏名又は住所に係る記載の修正（前号に該当するものを除く。）

三　行政区画、郡、区、市町村内の町若しくは字又はこれらの名称の変更に伴う住所に係る記載の修正

四　地番の変更に伴う住所に係る記載の修正

五　住居表示に関する法律（昭和三十七年法律第百十九号）第三条第一項及び第二項又は第四条の規定による住居表示の実施又は変更に伴う住所に係る記載の修正

六　共同住宅、寄宿舎、下宿、病院、診療所、児童福祉施設、ホテル、旅館その他これらに類する用途に供する建築物の名称又は建物の賃貸人の

住所とする。」を「国外転出者である署名利用者にあっては、当該署名利用者に係る戸籍の附票に記載されている事項のうち同法第十七条第二号から第六号までに掲げる事項」に改め、同条第二号中「が消除された」を「の消除（国外転出届をしてから当該国外転出届に記載された転出の予定年月日までの間に第三条の規定により署名用電子証明書の発行を受けた署名利用者に係る住民票にあっては、当該国外転出届をしたことによる消除を除く。）があった」に改め、同条に次の一号を加える。

三　当該署名利用者（国外転出者である者に限る。）に係る戸籍の附票の全部又は一部が消除され、いずれの市町村においても戸籍の附票に記録されていない者となったこと。

〔施行日＝公布の日から起算して五年を超えない範囲内において政令で定める日＝附則一条十参照〕

（署名用電子証明書記録誤り等に係る情報の記録）

第十三条　機構は、前条に定めるもののほか、署名用電子証明書に記録された

（署名用電子証明書記録誤り等に係る情報の保存期間）

第五条　法第十三条の政令で定める期間は、同条の規定により機構が署名用電

変更に伴う住所に係る記載の修正

七　前各号に掲げるもののほか、総務大臣が適当と認めるものに伴う氏名又は住所に係る記載の修正

（署名利用者異動等失効情報及び利用者証明利用者異動等失効情報の記録及び保存の方法）

第十四条　法第十二条の規定による署名利用者異動等失効情報の記録及び保存並びに法第三十一条の規定による利用者証明利用者異動等失効情報の記録及び保存は、専用の電磁的記録媒体に記録し、保存することにより行うものとする。

2　機構は、署名利用者異動等失効情報及び利用者証明利用者異動等失効情報を記録し及び保存した電磁的記録媒体の滅失又は毀損の防止その他の電磁的記録媒体の適切な管理を行わなければならない。

（署名用電子証明書記録誤り等に係る情報の記録及び保存の方法）

第二十一条　法第十三条の規定による署名用電子証明書記録誤り等に係る情報

事項について、当該署名用電子証明書の発行を受けた署名利用者に係る住民票に記載されている事項と異なるものがあることその他の記録誤り又は記録漏れ（以下「署名用電子証明書記録誤り等」という。）があることを知ったときは、直ちに、当該署名用電子証明書記録誤り等があった署名用電子証明書の発行の番号、署名用電子証明書記録誤り等があった旨及びこれらの事項をこの条の規定により記録する年月日（以下「署名用電子証明書記録誤り等に係る情報」という。）を、総務省令で定めるところにより、電磁的記録媒体に記録し、これを当該記録をした日から政令で定める期間保存しなければならない。

（令和元年法律第一六号一部改正・未施行）
「住民票」の下に「（国外転出者である署名利用者にあっては、当該署名利用者に係る戸籍の附票）」を加える。
〔施行日＝公布の日から起算して五年を超えない範囲内において政令で定める日＝附則一条十参照〕

子証明書記録誤り等に係る情報（同条に規定する署名用電子証明書記録誤り等に係る情報をいう。以下この条において同じ。）を記録した日から当該署名用電子証明書記録誤り等に係る情報に係る署名用電子証明書の有効期間の満了すべき日までとする。

の記録及び保存は、電子計算機の操作によるものとし、電磁的記録媒体への記録及びその保存の方法に関する技術的基準については、総務大臣が定める。

（署名用電子証明書記録誤り等に係る情報及び利用者証明用電子証明書記録誤り等に係る情報の記録及び保存の方法）

第十五条　法第十三条の規定による署名用電子証明書記録誤り等に係る情報の記録及び保存並びに法第三十二条の規定による利用者証明用電子証明書記録誤り等に係る情報の記録及び保存は、専用の電磁的記録媒体に記録し、保存することにより行うものとする。

2　機構は、署名用電子証明書記録誤り等に係る情報及び利用者証明用電子証明書記録誤り等に係る情報を記録し及び保存した電磁的記録媒体の滅失又は毀損の防止その他の電磁的記録媒体の適切な管理を行わなければならない。

（署名用電子証明書発行者署名符号の漏えい等に係る情報の記録）

第十四条　機構は、署名用電子証明書に係る署名用電子証明書発行者署名符号（機構が署名用電子証明書について電子署名を行うために用いた符号をいう。以下この条において同じ。）が漏えいし、滅失し、又は毀損したこと（以下この条において「署名用電子証明書発行者署名符号の漏えい等」という。）を知ったときは、直ちに、当該署名用電子証明書発行者署名符号を用いて電子署名を行った署名用電子証明書の発行の番号、署名用電子証明書発行者署名符号の漏えい等があった旨及びこれらの事項をこの条の規定により記録する年月日（以下「署名用電子証明書発行者署名符号の漏えい等に係る情報」という。）を、総務省令で定めるところにより、電磁的記録媒体に記録し、これを当該記録をした日から政令で定める期間保存しなければならない。

（署名用電子証明書の失効）

第十五条　署名用電子証明書は、次の各号のいずれかに該当するときは、その効力を失う。

（署名用電子証明書発行者署名符号の漏えい等に係る情報の保存期間）

第六条　法第十四条の政令で定める期間は、同条の規定により機構が署名用電子証明書発行者署名符号の漏えい等に係る情報（同条に規定する署名用電子証明書発行者署名符号の漏えい等に係る情報をいう。以下この条において同じ。）を記録した日から当該署名用電子証明書発行者署名符号の漏えい等に係る情報に係る署名用電子証明書の有効期間の満了すべき日までとする。

（署名用電子証明書発行者署名符号の漏えい等に係る情報の記録及び保存の方法）

第二十二条　法第十四条の規定による署名用電子証明書発行者署名符号の漏えい等に係る情報の記録及び保存は、電子計算機の操作によるものとし、電磁的記録媒体への記録及びその保存の方法に関する技術的基準については、総務大臣が定める。

（署名用電子証明書発行者署名符号の漏えい等に係る情報及び利用者証明用電子証明書発行者署名符号の漏えい等に係る情報の記録及び保存の方法）

第十六条　法第十四条の規定による署名用電子証明書発行者署名符号の漏えい等に係る情報の記録及び保存並びに法第三十三条の規定による利用者証明用電子証明書発行者署名符号の漏えい等に係る情報の記録及び保存は、専用の電磁的記録媒体に記録し、保存することにより行うものとする。

2　機構は、署名用電子証明書発行者署名符号の漏えい等に係る情報及び利用者証明用電子証明書発行者署名符号の漏えい等に係る情報を記録し及び保存した電磁的記録媒体の滅失又は毀損の

一　機構が第十一条の規定により署名用電子証明書失効申請等情報を記録したとき。
二　機構が第十二条の規定により署名利用者異動等失効情報を記録したとき。
三　機構が第十三条の規定により署名用電子証明書記録誤り等に係る情報を記録したとき。
四　機構が前条の規定により署名用電子証明書発行者署名符号の漏えい等に係る情報を記録したとき。
五　署名用電子証明書の有効期間が満了したとき。

2　機構は、前項第三号の規定により署名用電子証明書の効力が失われたときは、署名用電子証明書記録誤り等があった署名用電子証明書の発行を受けた署名利用者に対し、速やかに当該署名用電子証明書に署名用電子証明書記録誤り等があった旨及び当該署名用電子証明書の効力が失われた旨を通知しなければならない。

3　機構は、第一項第四号の規定により署名用電子証明書の効力が失われたときは、総務省令で定めるところにより、遅滞なくその旨を公表しなければならない。

防止その他の電磁的記録媒体の適切な管理を行わなければならない。

（署名用電子証明書発行者署名符号の漏えい等による署名用電子証明書の失効の場合の公表の方法）

第二十三条　法第十五条第三項の規定による公表は、インターネットの利用その他の方法によるものとする。

（署名用電子証明書失効情報ファイルの作成等）

第十六条 機構は、総務省令で定めるところにより、署名用電子証明書失効情報ファイル（一定の時点において保存されている署名用電子証明書失効情報（第十一条の規定により保存する署名用電子証明書失効申請等情報、第十二条の規定により保存する署名利用者異動等失効情報、第十三条の規定により保存する署名用電子証明書記録誤り等に係る情報及び第十四条の規定により保存する署名用電子証明書発行者署名符号の漏えい等に係る情報をいう。以下同じ。）の集合物であって、それらの署名用電子証明書失効情報を電子計算機を用いて検索することができるように体系的に構成したものをいう。以下同じ。）を定期的に作成し、これを作成した日から政令で定める期間保存しなければならない。

（署名用電子証明書失効情報ファイルの保存期間）

第七条 法第十六条の政令で定める期間は、十年とする。

（署名用電子証明書失効情報ファイルの作成及び保存の方法）

第二十四条 法第十六条の規定による署名用電子証明書失効情報ファイルの作成及び保存は、電子計算機の操作により、これを電磁的記録媒体に記録し、及び保存することによって行うものとし、当該電磁的記録媒体への記録及びその保存の方法に関する技術的基準については、総務大臣が定める。

（署名用電子証明書失効情報ファイル及び利用者証明用電子証明書失効情報ファイルの作成及び保存の方法）

第十七条 法第十六条の規定による署名用電子証明書失効情報ファイルの作成及び保存並びに法第三十五条の規定による利用者証明用電子証明書失効情報ファイルの作成及び保存は、専用の電磁的記録媒体に記録し、保存することにより行うものとする。

2 機構は、署名用電子証明書失効情報ファイル及び利用者証明用電子証明書失効情報ファイルを記録し及び保存した電磁的記録媒体の滅失又は毀損の防止その他の電磁的記録媒体の適切な管理を行わなければならない。

第二款　署名検証者等に対する署名用電子証明書失効情報等の提供

（署名検証者等に係る届出等）

第十七条　次に掲げる者は、署名利用者から通知された電子署名が行われた情報について当該署名利用者が当該電子署名を行ったことを確認するため、機構に対して次条第一項の規定による同項に規定する保存期間に係る署名用電子証明書失効情報の提供及び同条第二項の規定による同項に規定する保存期間に係る署名用電子証明書失効情報ファイルの提供を求めようとする場合には、あらかじめ、機構に対し、総務省令で定めるところにより、これらの提供を求める旨の届出をしなければならない。

一　行政機関等（情報通信技術を活用した行政の推進等に関する法律（平成十四年法律第百五十一号）第三条第二号に規定する行政機関等をいう。以下同じ。）

二　裁判所

三　行政機関等に対する申請、届出その他の手続に随伴して必要となる事

第二款　署名検証者等に対する署名用電子証明書失効情報等の提供

（特定認証業務を行う者に係る認定の申請）

第七条の二　特定認証業務（電子署名及び認証業務に関する法律（平成十二年法律第百二号）第二条第三項に規定する特定認証業務をいう。以下この条及び次条において同じ。）を行う者は、法第十七条第一項第五号の認定を受けようとするときは、次に掲げる事項を記載した申請書に総務省令で定める書類を添付して、総務大臣に提出しなければならない。

一　氏名又は名称及び住所並びに法人にあっては、その代表者の氏名

二　申請に係る特定認証業務の用に供する設備の概要

三　申請に係る特定認証業務の実施の方法

（特定認証業務を行う者に係る認定の基準）

第八条　法第十七条第一項第五号の政令で定める基準は、特定認証業務を行う者が行う特定認証業務が次の各号のい

第二款　署名検証者等に対する署名用電子証明書失効情報等の提供

（特定認証業務を行う者に係る認定の申請の際に提出する書類）

第二十四条の二　令第七条の二に規定する総務省令で定める書類は、次に掲げるとおりとする。

一　定款及び登記事項証明書又はこれらに準ずるもの

二　申請に係る業務の用に供する設備が次条各号に掲げる認定の基準に適合していることを説明した書類

三　申請に係る業務の方法が第二十六条各号に掲げる認定の基準に適合していることを説明した書類

（特定認証業務の用に供する設備の基準）

第二十五条　令第八条第一号に規定する総務省令で定める基準は、次に掲げるとおりとする。

一　法第十七条第一項第五号の規定による総務大臣の認定を受けようとする者（次条において「認定申請者」という。）が行う特定認証業務（電子署名及び認証業務に関する法律第

項につき、電磁的方式により提供を受け、行政機関等に対し自らこれを提供し、又はその照会に応じて回答する業務を行う者として行政庁が法律の規定に基づき指定し、登録し、認定し、又は承認した者

四　電子署名及び認証業務に関する法律第八条に規定する認定認証事業者

五　電子署名及び認証業務に関する法律第二条第三項に規定する特定認証業務を行う者であって政令で定める基準に適合するものとして総務大臣が認定する者

六　前各号に掲げる者以外の者であって、署名利用者から通知された電子署名が行われた情報について当該署名利用者が当該電子署名を行ったこと又は利用者証明利用者が行った電子利用者証明について当該利用者証明利用者が当該電子利用者証明を行ったことの確認を政令で定める基準に適合して行うことができるものとして総務大臣が認定するもの

ずれにも該当することとする。

一　特定認証業務の用に供する設備が総務省令で定める基準に適合するものであること。

二　特定認証業務に係る電子署名及び認証業務に関する法律第二条第二項に規定する利用者となるための申込みをする者（以下この号において「利用申込者」という。）の真偽の確認が、当該利用申込者から通知された当該申込みに係る情報について行われた電子署名（法第二条第一項に規定する電子署名をいう。第十五条の二第二項及び第二十五条の二第二項において同じ。）が当該利用申込者から通知された当該利用申込者に係る署名用電子証明書に記録された法第二条第四項に規定する署名利用者検証符号に対応する同項に規定する署名利用者符号を用いて行われたことを確認する方法により行われるものであること。

三　前号に掲げるもののほか、特定認証業務が総務省令で定める基準に適合する方法により行われるものであること。

（法第十七条第一項第六号に規定する

二条第三項に規定する特定認証業務をいう。次条及び第八十二条において同じ。）の用に供する設備のうち電子証明書（電子署名及び認証業務に関する法律施行規則（平成十三年総務省・法務省・経済産業省令第二号）第四条第一号に規定する電子証明書をいう。次条及び第八十二条において同じ。）の作成又は管理に用いる電子計算機その他の設備（以下「認証業務用設備」という。）は、入出場を管理するために業務の重要度に応じて必要な措置が講じられている場所に設置されていること。

二　認証業務用設備は、電気通信回線を通じた不正なアクセス等を防止するために必要な措置が講じられていること。

三　認証業務用設備は、正当な権限を有しない者によって作動させられることを防止するための措置が講じられ、かつ、当該認証業務用設備の動作を記録する機能を有していること。

四　認証業務用設備のうち発行者署名符号（電子署名及び認証業務に関する法律施行規則第四条第四号に規定する発行者署名符号をいう。以下同じ。）を作成し、又は管理する電子

（確認を行う者に係る認定の申請）

第八条の二 法第十七条第一項第六号に規定する確認を行う者は、同号の認定を受けようとするときは、次に掲げる事項を記載した申請書に総務省令で定める書類を添付して、総務大臣に提出しなければならない。

一 氏名又は名称及び住所並びに法人にあっては、その代表者の氏名

二 申請に係る確認の用に供する設備の概要

三 申請に係る確認の実施の方法

計算機は、当該発行者署名符号の漏えいを防止するために必要な機能を有する専用の電子計算機であること。

五 認証業務用設備及び第一号の措置を講じるために必要な装置は、停電、地震、火災及び水害その他の災害の被害を容易に受けないように業務の重要度に応じて必要な措置が講じられていること。

（特定認証業務におけるその他の業務の方法）

第二十六条 令第八条第二号に規定する総務省令で定める基準は、次に掲げるとおりとする。

一 認定申請者の役員若しくは法第十七条第一項第五号に規定する特定認証業務を統括する者のうちに、法の規定若しくは暴力団員による不当な行為の防止等に関する法律（平成三年法律第七十七号）の規定（同法第三十二条の三第七項及び第三十二条の十一第一項の規定を除く。第二十八条第一号において同じ。）若しくはこれらに相当する外国の法令の規定に違反し、又は刑法（明治四十年法律第四十五号）若しくは暴力行為等処罰に関する法律（大正十五年法

律第六十号）の罪を犯し、罰金以上の刑（これに相当する外国の法令による刑を含む。同号において同じ。）に処せられ、その刑の執行を終わり、又はその刑の執行を受けることがなくなった日から五年を経過しない者がないこと。

二　法第十七条第三項の規定により認定を取り消され、その取消しの日から五年を経過しない者でないこと。

三　利用申込者（令第八条第二号に規定する利用申込者をいう。）に対し、書類の交付その他の適切な方法により、電子署名の実施の方法及び認定申請者が行う特定認証業務の利用に関する重要な事項について説明を行うこと。

四　利用者署名符号（電子署名及び認証業務に関する法律施行規則第六条第三号に規定する利用者署名符号をいう。以下同じ。）を認定申請者が作成する場合においては、当該利用者署名符号を安全かつ確実に利用者（電子署名及び認証業務に関する法律第二条第二項に規定する利用者をいう。以下この条において同じ。）に渡すことができる方法により交付し、又は送付し、かつ、当該利用者署名符号及びその複製を直ちに消去すること。

五　利用者署名符号を利用者が作成する場合において、当該利用者署名符号に対応する利用者署名検証符号（電子署名及び認証業務に関する法律施行規則第四条第一号に規定する利用者署名検証符号をいう。以下この号及び第五号ニにおいて同じ。）を認定申請者が電気通信回線を通じて受信する方法によるときは、次に掲げる場合の区分に応じそれぞれ次に掲げるものであること。

イ　当該利用者から電子署名が行われた情報が送信される場合であって、当該利用者となるための申込み（令第八条第二号に規定する利用者となるための申込みをいう。第十三号及び第八十条第二号において同じ。）の際に当該利用者署名検証符号を認定申請者に電気通信回線を通じて送信する場合　当該電子署名により当該利用者の真偽の確認を行うこと。

ロ　イに該当しない場合　あらかじめ、利用者識別符号（電子署名及び認証業務に関する法律施行規則第六条第三号の二に規定する利用者識別符号をいう。）を安全かつ確実に当該利用者に渡すことができる方法により交付し、又は送付し、かつ、当該利用者の識別に用いるまでの間、当該利用者以外の者が知り得ないようにすること。
六　電子証明書の有効期間は、五年を超えないものであること。
七　電子証明書には、次の事項が記録されていること。
イ　当該電子証明書の発行者の名称及び発行番号
ロ　当該電子証明書の発行日及び有効期間の満了する日
ハ　当該電子証明書の利用者の氏名
ニ　当該電子証明書に係る利用者署名検証符号及び当該利用者署名検証符号に係るアルゴリズムの識別子
八　電子証明書には、その発行者を確認するための措置であって、電子署名及び認証業務に関する法律施行規則第二条の基準に適合するものが講じられていること。
九　認証業務に関し、利用者その他の者が認定申請者が行う特定認証業務と他の業務を誤認することを防止するための適切な措置を講じていることと。
十　署名検証者（電子署名及び認証業務に関する法律施行規則第六条第九号に規定する署名検証者をいう。第十号において同じ。）が電子証明書の発行者を確認するために用いる符号その他必要な情報を容易に入手することができるようにすること。
十一　電子証明書の有効期間内において、利用者から電子証明書の失効の請求があったとき又は電子証明書に記録された事項に事実と異なるものが発見されたときは、遅滞なく当該電子証明書の失効の年月日その他の失効に関する情報を電磁的方法（電子的方法、磁気的方法その他の人の知覚によっては認識することができない方法をいう。第十二号において同じ。）により記録すること。
十二　電子証明書の有効期間内において、署名検証者からの求めに応じ自動的に送信する方法その他の方法により、署名検証者が前号の失効に関する情報を容易に確認することができるようにすること。
十三　第九号の規定により電子証明書の失効に関する情報を記録した場合においては、遅滞なく当該電子証明書の利用者にその旨を通知すること。
十四　認定申請者の連絡先、業務の提供条件その他の特定認証業務の実施に関する規程を適切に定め、当該規程を電磁的方法により記録し、利用者その他の者からの求めに応じ自動的に送信する方法その他の方法により、利用者その他の者が当該規程を容易に閲覧できるようにすること。
十五　電子証明書に利用者として記録されている者から、権利又は利益を侵害され、又は侵害されるおそれがあるとの申出があった場合においては、その求めに応じ、遅滞なく当該電子証明書に係る利用者に関する利用者となるための申込みに係る情報（当該情報について行われた電子署名に係る電磁的記録を含む。）及び当該利用者から通知された当該利用者に係る電子証明書（これらに附帯する情報を含む。）を当該申出を行った者に開示すること。
十六　次の事項を明確かつ適切に定め、かつ、当該事項に基づいて業務を適切に実施すること。
イ　業務の手順
ロ　業務に従事する者の責任及び権限並びに指揮命令系統

ハ　業務の一部を他に委託（二以上の段階にわたる委託を含む。以下第二十九条を除き同じ。）をする場合においては、委託を行う業務の範囲及び内容並びに受託者による当該業務の実施の状況を管理する方法その他の当該業務の適切な実施を確保するための方法

ニ　業務の監査に関する事項

ホ　業務に係る技術に関し充分な知識及び経験を有する者の配置

ヘ　利用者の真偽の確認に際して知り得た情報の目的外利用の禁止及び業務に係る帳簿書類の記載内容の漏えい、滅失又は毀損の防止のために必要な措置

ト　危機管理に関する事項

十七　認証業務用設備により行われる業務の重要度に応じて、当該認証業務用設備が設置された室への立入り及びその操作に関する許諾並びに当該許諾に係る識別符号の管理が適切に行われていること。

十八　複数の者による発行者署名符号の作成及び管理その他当該発行者署名符号の漏えいを防止するために必要な措置が講じられていること。

（認証設備室への入出場を管理するために必要な措置）

第十八条　規則第二十五条第一号に規定する入出場を管理するために業務の重要度に応じて必要な措置は、次の各号に掲げる区分に応じ、それぞれ当該各号に定める要件を満たすものをいうものとする。

一　認証設備室（認証業務用設備が設置された室をいう。ただし、認証業務用設備のうち、登録用端末設備（専ら電子証明書（電子署名及び認証業務に関する法律施行規則（平成十三年総務省・法務省・経済産業省令第二号）第四条第一号に規定する電子証明書をいう。以下同じ。）の利用者（電子署名及び認証業務に関する法律（平成十二年法律第百二号）第二条第二項に規定する利用者をいう。以下同じ。）を登録するために用いられる設備をいう。以下同じ。）又は利用者識別設備（専ら利用者情報（利用者に係る情報をいう。以下同じ。）及び利用者識別符号（電子署名及び認証業務に関する法律施行規則第六条第三号の二に規定する利用者識別符号をいう。以下同じ。）を識別するために用いられる設備をいう。以下同じ。）が設置されている場合においては、当該登録用端末設備又は利用者識別設備以外の認証業務用設備が設置されていない室を除く。以下同じ。）次に掲げる要件を満たすこと。

イ　入室する二以上の者の身体的特徴の識別（あらかじめ登録された指紋、虹彩その他の個人の身体的特徴の照合を行うことをいう。第四十条第一号において同じ。）によって入室が可能となること。

ロ　入室者の数と同数の者の退室を管理すること。

ハ　入室のための装置の操作に不正常な時間を要した場合においては、警報が発せられること。

ニ　入室者及び退室者並びに在室者を自動的かつ継続的に監視し、及び記録するための遠隔監視装置及び映像記録装置が設置されていること。

二　登録用端末設備又は利用者識別設備が設置された室であって、認証設備室に該当しないもの関係者以外が容易に登録用端末設備又は利用者識別設備に触れることができないようにするための施錠等の措置が講じられていること。

（認証業務用設備への不正なアクセス等を防止するために必要な措置）

第十九条 規則第二十五条第二号に規定する電気通信回線を通じた不正なアクセス等を防止するために必要な措置は、次の各号に掲げるものをいうものとする。

一 認証業務用設備が電気通信回線に接続している場合においては、認証業務用設備（登録用端末設備を除く。）に対する当該電気通信回線を通じて行われる不正なアクセス等を防御するためのファイアウォール及び不正なアクセス等を検知するシステムを備えること。

二 認証業務用設備が二以上の部分から構成される場合においては、一の部分から他の部分への通信に関し、送信をした設備の誤認並びに通信内容の盗聴及び改変を防止する装置

三 利用者署名検証符号（電子署名及び認証業務に関する法律施行規則第四条第一号に規定する利用者署名検証符号をいう。次条において同じ。）、利用者情報及び利用者識別符号を電気通信回線を通じて受信するために

用いられる電子計算機が設置されている場合においては、当該電子計算機から認証業務用設備への通信に関し、送信をした当該電子計算機の誤認並びに通信内容の盗聴及び改変を防止する措置

（正当な権限を有しない者による認証業務用設備の作動を防止するための措置等）

第二十条　規則第二十五条第三号に規定する正当な権限を有しない者によって作動させられることを防止するための措置は、次の各号に掲げる要件を満たすものをいうものとする。

一　認証業務用設備を操作者によって作動させる場合においては、各操作者に対する権限の設定並びに当該操作者及びその権限が確認できること。

二　認証業務用設備を利用者情報及び利用者識別符号の識別によって自動的に作動させる場合においては、各利用者に対する利用者識別符号の設定、利用者署名検証符号、利用者情報及び当該利用者識別符号を電気通信回線を通じて受信するために用いられる電子計算機（施錠等の措置が講じられた室に設置されたものに限

る。）の設置、当該電子計算機から電気通信回線を通じて送信された当該利用者情報及び当該利用者識別符号を識別する機能の設定並びに当該利用者情報及び利用者識別符号の確認ができること。

三　電気通信回線経由の遠隔操作が不可能であるように設定されていること。ただし、電子証明書の発行及び失効の要求その他の電子証明書の管理に必要な登録用端末設備の操作については、この限りでない。

四　認証業務用設備の所在を示す掲示がされていないこと。

2　規則第二十五条第三号に規定する認証業務用設備の動作を記録する機能とは、次の各号に掲げるものをいうものとする。

一　各動作の要求者名（操作者によって作動させる場合に限る。）、内容、発生日時、結果等を履歴として記録する機能

二　特定の操作者による操作の履歴のみを表示することができる機能（操作者によって作動させる場合に限る。）

（認証業務用設備等の災害の被害を防

止するために必要な措置）

第二十一条　規則第二十五条第五号に規定する停電、地震、火災及び水害その他の災害の被害を容易に受けないように業務の重要度に応じて必要な措置は、次の各号に掲げる区分に応じ、当該各号に定める要件を満たすものをいうものとする。

一　認証業務用設備　通常想定される規模の地震による転倒及び構成部品の脱落等を防止するための構成部品の固定その他の耐震措置が講じられていること。

二　認証設備室　次に掲げる要件を満たすこと。

イ　水害の防止のための措置が講じられていること。

ロ　隔壁により区画されていること。

ハ　自動火災報知器及び消火装置が設置されていること。

ニ　防火区画内に設置されていること。

ホ　室内において使用される電源設備について停電に対する措置が講じられていること。

三　認証設備室を設置する建築物　次に掲げる要件を満たすこと。

イ　建築されている土地の地盤が地

震被害のおそれの少ないものであること。ただし、やむを得ない場合であって、不同沈下を防止する措置を講ずる場合は、この限りでない。

ロ　地震に対する安全性に係る建築基準法（昭和二十五年法律第二百一号）又はこれに基づく命令若しくは条例の規定に適合する建築物であること。

ハ　建築基準法に規定する耐火建築物又は準耐火建築物であること。

（利用申込者に対する説明事項）

第二十二条　規則第二十六条第一号に規定する利用申込者（令第八条第二号に規定する利用申込者をいう。）に対して説明を行うべき事項とは、次の各号に掲げる事項を内容として含むものとする。

一　電子署名は自署や押印に相当する法的効果が認められ得るものであることから、利用者署名符号（電子署名及び認証業務に関する法律施行規則第六条第三号に規定する利用者署名符号をいう。以下この条において同じ。）の漏えい、滅失又は毀損の防止その他の利用者署名符号の適切な管理を行わなければならないこと。

二 利用者署名符号が漏えいし、滅失し、若しくは毀損したとき、又はそのおそれがある場合、電子証明書に記録されている事項に変更が生じた場合又は電子証明書の利用を中止する場合においては、遅滞なく電子証明書の失効の請求を行わなければならないこと。

三 認定申請者が行う特定認証業務（電子署名及び認証業務に関する法律第二条第三項に規定する認定認証業務をいう。以下同じ。）に係る電子証明書を使用する場合における電子署名のためのアルゴリズムは、認定申請者が指定したものを使用する必要があること。

（特定認証業務と他の業務との誤認を防止するための措置）

第二十三条 規則第二十六条第七号に規定する利用者その他の者が認定申請者が行う特定認証業務と他の業務を誤認することを防止するための適切な措置には、次の各号に掲げる措置が含まれるものとする。

一 発行者署名符号（電子署名及び認証業務に関する法律施行規則第四条

第四号に規定する発行者署名符号をいう。第二十七条において同じ。）を当該特定認証業務以外の業務のために使用しないこと。ただし、次に掲げる場合を除く。

イ　認定認証業務（電子署名及び認証業務に関する法律施行規則第六条第二号に規定する認定認証業務をいう。）と同程度以上の基準に従って国又は地方公共団体等が実施する認証業務（電子署名及び認証業務に関する法律第二条第二項に規定する認証業務をいう。第三十八条において同じ。）との相互認証の実施のための使用

ロ　当該特定認証業務の維持管理のために必要な場合における使用

二　発行者署名検証符号（電子署名及び認証業務に関する法律施行規則第六条第九号に規定する発行者署名検証符号をいう。次条において同じ。）に係る電子証明書の値をSHA－1（オブジェクト識別子　一　三　一四　三　二　二六）、SHA－256（オブジェクト識別子　二　一六　八四〇　一　一〇一　三　四　二　一）、SHA－384（オブジェクト識別子　二　一六　八四〇　一

一〇一　三　四　二　二）又はＳＨＡ―５１２（オブジェクト識別子二　一六　八四〇　一　一〇一　三　四　二　三）のうちいずれか一以上で変換した値によって当該特定認証業務を特定すること。

（署名検証者への情報提供）

第二十四条　規則第二十六条第八号に規定する必要な情報は、次の各号に掲げる事項を含むことを要するものとする。

一　署名検証者（電子署名及び認証業務に関する法律施行規則第六条第九号に規定する署名検証者をいう。以下この条において同じ。）は、電子証明書を信頼すべきか否かの判断をするときは、発行者署名検証符号を確実に入手し、当該電子証明書に行われた認定申請者による電子署名を検証することにより、当該電子証明書の発行者である認定申請者を確認すべきであること。

二　署名検証者は、電子証明書を信頼すべきか否かの判断をするときは、当該電子証明書の利用目的若しくは使用範囲又はその制限（利用者にあらかじめ通知されている利用条件を含む。）を確認すべきであること。

三　署名検証者は、適切な手段により、電子証明書について失効に関する情報が記録されていないことを確認すべきであること。

（特定認証業務の実施に関する規程）

第二十五条　規則第二十六条第十二号に規定する認定申請者が行う特定認証業務の実施に関する規程は、次の各号に掲げる事項に関する規定を含むことを要するものとする。

一　認定申請者の名称及び連絡先（住所、電話番号、ファクシミリ番号及びメールアドレス）

二　証明の目的、対象又は利用範囲について制限を設ける場合においては、その制限に関する事項

三　認定申請者が負担する保証又は責任の範囲について制限を設ける場合においては、その制限に関する事項

四　利用申込みの方法及び利用者の真偽の確認の方法に関する事項

五　電子証明書の失効の請求に関する事項

六　電子証明書の失効に関する情報の確認の方法及び確認することができる期間に関する事項

七　当該特定認証業務に係るセキュリ

ティに関する事項（利用者に係る個人情報の取扱いに関する事項を含む。）

八　当該特定認証業務の利用に係る料金に関する事項

九　帳簿書類の保存に関する事項

十　業務の廃止に関する事項

十一　認定申請者との間で係争が生じた場合に適用される法令及び解決のための手続に関する事項

十二　当該規程の改訂に関する事項及び利用者その他の者に対する通知方法に関する事項

2　前項第十号に掲げる事項には、認定申請者が行う特定認証業務を廃止する日の六十日前までにその旨を利用者に通知すること（法第十七条第三項の規定により認定を取り消された場合等、やむを得ない場合はこの限りでない。）及び認定に係る特定認証業務を廃止する日までに利用者に対して発行した電子証明書について失効の手続を行うことが含まれるものとする。

（認証業務用設備の操作等に関する許諾等）

第二十六条　規則第二十六条第十五号に規定する認証業務用設備が設置された

室への立入り及びその操作に関する許諾並びに当該許諾に関する識別符号の管理が適切に行われていることとは、次の各号に掲げる要件を満たすことを要するものとする。

一　認証設備室への立入りは、複数の者により行われること。

二　設備の保守その他の業務の運営上必要な事情により、やむを得ず、立入りに係る権限を有しない者を認証設備室へ立ち入らせることが必要である場合においては、立入りに係る権限を有する複数の者が同行すること。

三　システム管理者に係る識別符号については、特に厳重な管理が行われていること。

（発行者署名符号の漏えいを防止するために必要な措置）

第二十七条　規則第二十六条第十六号に規定する発行者署名符号の漏えいを防止するために必要な措置は、次の各号に掲げる要件を満たすものをいうものとする。

一　発行者署名符号の生成及び管理は、認証設備室内で複数の者によって規則第二十五条第四号に規定する専用の電子計算機を用いて行われること。

二 バックアップ用の発行者署名符号の複製は、次に掲げるいずれかの方法により行われること。

イ 認証設備室内で規則第二十五条第四号に規定する専用の電子計算機を用いて行われ、かつ、複製されたバックアップ用の発行者署名符号は、認証設備室と同等の安全性を有する場所に保存されること。

ロ 認証設備室内で発行者署名符号に関する情報を分割し、複数の者が異なる安全な場所に分散して保管する方法（発行者署名符号を再生する場合には、複数の者が集合することを要するものに限る。）により行われること。

三 発行者署名符号の使用を可能とし、又は不可能とするための認証業務用設備の設定の変更は、認証設備室内で複数の者により行われること。

四 発行者署名符号の使用を終了する場合には、複数の者により物理的な破壊又は完全な初期化等の方法により完全に廃棄し、かつ、複製された発行者署名符号についても同時に廃棄すること。

（法第十七条第一項第六号に規定する確認を行う者に係る認定の基準）

第九条　法第十七条第一項第六号の政令で定める基準は、同号に規定する確認を行う者が行う当該確認が、次の各号のいずれにも該当することとする。

一　当該確認の用に供する設備が総務省令で定める基準に適合するものであること。

二　当該確認が総務省令で定める基準に適合する方法により行われるものであること。

（法第十七条第一項第六号に規定する確認を行う者に係る認定の申請の際の提出書類）

第二十六条の二　令第八条の二に規定する総務省令で定める書類は、次に掲げるとおりとする。

一　定款及び登記事項証明書又はこれらに準ずるもの

二　申請に係る業務の用に供する設備が次条各号に掲げる認定の基準に適合していることを説明した書類

三　申請に係る業務の方法が第二十八条各号に掲げる認定の基準に適合していることを説明した書類

（電子署名又は電子利用者証明の確認の用に供する設備の基準）

第二十七条　令第九条第一号に規定する総務省令で定める基準は、次に掲げるとおりとする。

一　法第十七条第一項第六号の規定による総務大臣の認定を受けようとする者（次条第一号において「電子署名等確認認定申請者」という。）が行う同項第六号に規定する確認の用に供する設備のうち次に掲げるもの（以下この条及び第八十二条第六号において「電子署名等確認設備」と

2　前項第五号又は第六号の認定（次項において「認定」という。）は、一年を下らない政令で定める期間ごとにその更新を受けなければ、その期間の経

（変更の認定等）

第九条の二　法第十七条第一項第五号又は第六号の認定を受けた者は、第七条の二第二号又は第八条の二第二号若しくは第三号に掲げる事項の変更（総務省令で定める軽微な変更を除く。）をするときは、総務大臣の認定を受けなければならない。

2　第七条の二及び第八条の規定は法第十七条第一項第五号の認定を受けた者に係る変更の認定について、前二条の規定は同項第六号の認定を受けた者に係る変更の認定について、それぞれ準用する。

3　法第十七条第一項第五号又は第六号の認定を受けた者は、第七条の二第一号若しくは第八条の二第一号に掲げる事項の変更をしたとき、又は第一項の総務省令で定める軽微な変更をしたときは、遅滞なく、その旨を総務大臣に届け出なければならない。

（特定認証業務を行う者等に係る認定の有効期間）

第十条　法第十七条第二項の政令で定める期間は、一年とする。

（認定の更新）

いう。）は、入出場を管理するために必要な措置が講じられている場所に設置されていること。

イ　署名利用者から通知される電子署名が行われた情報及び署名用電子証明書又は利用者証明利用者の電子利用者証明に関して通知される利用者証明用電子証明書を受領するシステムに係る設備

ロ　受領した署名用電子証明書が効力を失っていないこと及び当該署名用電子証明書に記録された署名利用者検証符号に対応する署名利用者符号を用いて電子署名が行われたこと又は受領した利用者証明用電子証明書が効力を失っていないこと及び当該利用者証明用電子証明書に記録された利用者証明利用者検証符号に対応する利用者証明利用者符号を用いて電子利用者証明が行われたことを確認するシステムに係る設備

ハ　イ及びロに掲げる設備のほか、次に掲げる情報を保存する設備

(1)　署名利用者から提供を受けた署名用電子証明書

(2)　署名用電子証明書失効情報

(3)　署名用電子証明書失効情報

過によって、その効力を失う。

3 総務大臣は、次の各号のいずれかに該当するときは、認定を取り消すことができる。

一 認定を受けた者が第一項第五号の政令で定める基準に適合しなくなったとき又は同項第六号に規定する確認を同号の政令で定める基準に適合して行うことができなくなったと認められるとき。

二 認定を受けた者が第十九条、第五十条第一項又は第五十二条第一項若しくは第二項の規定に違反したとき。

三 認定を受けた者が第三十八条、第五十一条第一項又は第五十三条第一項の規定に違反したとき。

四 認定を受けた者から第五十条第一項に規定する受領した署名用電子証明書失効情報等の電子計算機処理等（電子計算機処理（電子計算機を使用して行われる情報の入力、蓄積、編集、加工、修正、更新、検索、消去、出力又はこれらに類する処理をいう。）又は情報の入力のための準備作業若しくは電磁的記録媒体の保管をいう。以下同じ。）の委託（二以上の段階にわたる委託を含む。）を受けた者が同条第二項において準

第十条の二 第七条の二及び第八条の規定は法第十七条第一項第五号の認定を受けた者に係る同条第二項の認定の更新について、第八条の二及び第九条の規定は法第十七条第一項第六号の認定を受けた者に係る同条第二項の認定の更新について、それぞれ準用する。

ファイル

(4) 対応証明書の発行の番号

(5) 利用者証明利用者から提供を受けた利用者証明用電子証明書

(6) 利用者証明用電子証明書失効情報

(7) 利用者証明用電子証明書失効情報ファイル

二 電子署名等確認設備は、電気通信回線を通じた不正なアクセス等を防止するために必要な措置が講じられていること。

三 電子署名等確認設備は、正当な権限を有しない者によって作動させられることを防止するための措置が講じられ、かつ、当該電子署名等確認設備の動作を記録する機能を有していること。

四 電子署名等確認設備及び第一号の措置を講じるために必要な装置は、停電、地震、火災及び水害その他の災害の被害を容易に受けないように業務の重要度に応じて必要な措置が講じられていること。

（電子署名等確認設備室への入出場を管理するために必要な措置）

第二十八条 規則第二十七条第一号に規

用する同条第一項の規定に違反したとき。

五　認定を受けた者から第五十一条第一項に規定する受領した利用者証明用電子証明書失効情報等の電子計算機処理等の委託（二以上の段階にわたる委託を含む。）を受けた者が同条第二項において準用する同条第一項の規定に違反したとき。

六　認定を受けた者若しくはその役員若しくは職員又はこれらの者であった者が第五十四条第一項の規定に違反したとき。

七　認定を受けた者若しくはその役員若しくは職員又はこれらの者であった者が第五十五条第一項の規定に違反したとき。

八　認定を受けた者から第五十条第一項に規定する受領した署名用電子証明書失効情報等の電子計算機処理等の委託（二以上の段階にわたる委託を含む。）を受けた者若しくはその役員若しくは職員又はこれらの者であった者が第五十四条第二項の規定に違反したとき。

九　認定を受けた者から第五十一条第一項に規定する受領した利用者証明用電子証明書失効情報等の電子計算

定する入出場を管理するために必要な措置は、次の各号に定める要件を満たすものをいうものとする。

一　電子署名等確認設備室（電子署名等確認設備が設置された室をいう。以下この条及び第三十条の二において同じ。）に入退室する者に鍵を貸与する際に、その者が入室する権限を有することを確認すること、入退室管理カードにより電子署名等確認設備室に入退室する者が入室する権限を有することを確認すること等により、入退室の管理を適切に行うこと。

二　電子署名等確認設備室の鍵又は入退室管理カードの管理方法を定めること。

（電子署名等確認設備への不正なアクセスを防止するために必要な措置）

第二十九条　規則第二十七条第二号に規定する電気通信回線を通じた不正なアクセス等を防止するために必要な措置は、次の各号に掲げるものをいうものとする。

一　電子署名等確認設備が電気通信回線に接続している場合においては、電子署名等確認設備に対する当該電

機処理等の委託（二以上の段階にわたる委託を含む。）を受けた者若しくはその役員若しくは職員又はこれらの者であった者が第五十五条第二項の規定に違反したとき。

十　第五十条第一項に規定する受領した署名用電子証明書失効情報等の電子計算機処理等に関する事務（認定を受けた者の委託（二以上の段階にわたる委託を含む。）を受けて行うものを含む。）に従事している者又は従事していた者が第五十六条第一項の規定に違反したとき。

十一　第五十一条第一項に規定する受領した利用者証明用電子証明書失効情報等の電子計算機処理等に関する事務（認定を受けた者の委託（二以上の段階にわたる委託を含む。）を受けて行うものを含む。）に従事している者又は従事していた者が第五十七条第一項の規定に違反したとき。

4　第一項の届出を受けた機構及び当該届出をした者（以下「署名検証者」という。）は、機構が次条第一項及び第二項の規定により提供を行う情報の範囲その他当該提供を行うに当たって合意しておくべきものとして総務省令で定める事項について、あらかじめ、取

（他人の依頼を受けて申請等を行う者

気通信回線を通じて行われる不正なアクセス等を防御するためのファイアウォールを備えること。

二　電子署名等確認設備が二以上の部分から構成され、かつ、異なる場所に設置される場合において、相互の通信が必要となるときは、通信相手相互の認証を行うとともに、データの暗号化を行うこと。

（正当な権限を有しない者による電子署名等確認設備の作動を防止するための措置等）

第三十条　規則第二十七条第三号に規定する正当な権限を有しない者によって作動させられることを防止するための措置は、次の各号に掲げる要件を満たすものをいうものとする。

一　電子署名等確認設備を操作者によって作動させる場合においては、各操作者に対する権限の設定並びに当該操作者及びその権限が確認できること。

二　電子署名等確認設備を自動的に作動させる場合においては、署名利用者から通知される当該署名利用者の署名利用者符号を用いて電子署名が行われた情報及び署名用電子証明書

決めを締結しなければならない。

5　次に掲げる団体又は機関は、当該団体又は機関に所属する者で政令で定めるものに対して第二十条第一項の規定による回答をするため、機構に対して次条第一項の規定による同項に規定する保存期間に係る署名用電子証明書失効情報の提供及び同条第二項の規定による同項に規定する保存期間に係る署名用電子証明書失効情報ファイルの提供を求めようとする場合（第一号に掲げる団体にあっては当該団体に所属する者が法律の規定に基づき他人の依頼を受けて行政機関等及び裁判所に対する申請、届出その他の手続を行う場合に、第二号に掲げる団体又は機関にあっては当該団体又は機関に所属する者が行政機関等及び裁判所に対する申請、届出その他の手続に必要な電磁的記録を提供する場合に限る。）には、あらかじめ、機構に対し、総務省令で定めるところにより、これらの提供を求める旨及び第二十条第一項の規定による回答を受ける者（以下「署名確認者」という。）の範囲の届出をしなければならない。

一　法律の規定に基づき他人の依頼を受けて行政機関等及び裁判所に対す

が所属する団体等）

第十一条　法第十七条第五項第一号の政令で定める団体は、次の表の上欄に掲げるとおりとし、当該団体に係る同項の政令で定める者は、同表の上欄に掲げる団体ごとにそれぞれ同表の下欄に掲げるとおりとする。

全国社会保険労務士会連合会	社会保険労務士
	社会保険労務士法人
日本行政書士会連合会	行政書士
	行政書士法人
日本司法書士会連合会	司法書士
	司法書士法人
日本税理士会連合会	税理士
	税理士法人
日本土地家屋調査士会連合会	土地家屋調査士

又は利用者証明利用者から通知される当該利用者証明利用者の利用者証明利用者符号を用いて行った電子利用者証明に関する利用者証明用電子証明書（以下この号において「署名利用者等から通知される情報」という。）を電気通信回線を通じて受信するために用いられる電子計算機の設置、当該電子計算機から電気通信回線を通じて送信された署名利用者等から通知される情報を識別する機能の設定並びに署名利用者等から通知される情報の確認ができること。

2　規則第二十七条第三号に規定する電子署名等確認設備の動作を記録する機能とは、次の各号に掲げるものをいうものとする。

一　各動作の要求者名（操作者によって作動させる場合に限る。）、内容、発生日時、結果等を履歴として記録する機能

二　特定の操作者による操作の履歴のみを表示することができる機能（操作者によって作動させる場合に限る。）

（電子署名等確認設備等の災害を防止するために必要な措置）

る申請、届出その他の手続を行う者が所属する団体で政令で定めるもの

二　行政機関等及び裁判所に対する申請、届出その他の手続に必要な電磁的記録を提供する者が所属する団体又は機関で政令で定めるもの

6　第四項の規定は、前項の届出を受けた機構及び当該届出をした者（以下「団体署名検証者」という。）について準用する。

	土地家屋調査士法人
日本弁理士会	弁理士
	特許業務法人

（申請等に必要な電磁的記録を提供する者が所属する団体又は機関等）

第十二条　法第十七条第五項第二号の政令で定める団体又は機関は、法務省とし、当該団体又は機関に係る同項の政令で定める者は、公証人とする。

第三十条の二　規則第二十七条第四号に規定する停電、地震、火災及び水害その他の災害の被害を容易に受けないように業務の重要度に応じて必要な措置は、次の各号に掲げる区分に応じ、当該各号に定める要件を満たすものをいうものとする。

一　電子署名等確認設備　通常想定される規模の地震による転倒及び構成部品の脱落等を防止するための構成部品の固定その他の耐震措置が講じられていること。

二　電子署名等確認設備室　次に掲げる要件を満たすこと。

イ　水害の防止のための措置が講じられていること。

ロ　隔壁により区画されていること。

ハ　自動火災報知器及び消火装置が設置されていること。

ニ　防火区画内に設置されていること。

ホ　室内において使用される電源設備について停電に対する措置が講じられていること。

三　電子署名等確認設備室を設置する建築物　次に掲げる要件を満たすこと。

イ　建築されている土地の地盤が地

震被害のおそれの少ないものであること。ただし、やむを得ない場合であって、不同沈下を防止する措置を講ずる場合は、この限りでない。

ロ　地震に対する安全性に係る建築基準法又はこれに基づく命令若しくは条例の規定に適合する建築物であること。

ハ　建築基準法に規定する耐火建築物又は準耐火建築物であること。

（電子署名又は電子利用者証明の確認に係るその他の業務の方法）

第二十八条　令第九条第二号に規定する総務省令で定める基準は、次に掲げるとおりとする。

一　電子署名等確認認定申請者の役員若しくは法第十七条第一項第六号に規定する確認の業務（以下「電子署名等確認業務」という。）を統括する者のうちに、法の規定若しくは暴力団員による不当な行為の防止等に関する法律の規定若しくはこれらに相当する外国の法令の規定に違反し、又は刑法若しくは暴力行為等処罰に関する法律の罪を犯し、罰金以上の刑に処せられ、その刑の執行を終わり、又はその刑の執行を受けることがなくなった日から五年を経過しない者がないこと。
二　法第十七条第三項の規定により認定を取り消され、その取消しの日から五年を経過しない者でないこと。
三　電子署名等確認業務について次の事項を規程等により明確かつ適切に定め、かつ、当該規程等に基づき業務を適切に実施すること。
イ　業務の手順
ロ　業務に従事する者の責任及び権限並びに指揮命令系統
ハ　業務の一部を他に委託をする場合においては、受託者の名称、住所及び代表者の氏名、委託を行う業務の範囲及び内容並びに受託者による当該業務の実施の状況を管理する方法その他の当該業務の適切な実施を確保するための方法
ニ　業務の監査に関する事項
ホ　業務に係る技術に関し充分な知識及び経験を有する者の配置
ヘ　業務の実施に際し知り得た情報の漏えい及び目的外利用の防止並びに業務に係る帳簿書類の記載内容の漏えい、滅失又は毀損の防止のために必要な措置

ト　危機管理に関する事項

四　電子署名等確認業務において取り扱う前条第一号ハに掲げる情報の漏えいの防止及び漏えいのおそれがある場合の対応のための体制等を適切に定め、かつ、適切に周知を実施すること。

（軽微な変更）

第二十八条の二　令第九条の二第一項に規定する総務省令で定める軽微な変更は、同一室内における既設の設備と同等以上の性能を有する設備への変更及びその増設とする。

（変更の認定）

第二十八条の三　第二十四条の二から第二十六条までの規定は、法第十七条第一項第五号の認定を受けた者に係る令第九条の二第一項の変更の認定について、第二十六条の二から第二十八条までの規定は、法第十七条第一項第六号の認定を受けた者に係る令第九条の二第一項の変更の認定について、それぞれ準用する。

（認定の更新）

第二十八条の四　第二十四条の二から第

二十六条までの規定は、法第十七条第一項第五号の認定を受けた者に係る同条第二項の更新の認定について、第二十六条の二から第二十八条までの規定は、法第十七条第一項第六号の認定を受けた者に係る同条第二項の認定の更新について、それぞれ準用する。

（電子署名等確認業務の全部を委託する場合の特例）

第二十九条　電子署名等確認業務の全部を法第十七条第一項第六号の規定により総務大臣の認定を受けた一の者（以下この条及び第六十条において「電子署名等確認業務受託者」という。）に委託した者であって前条第一号に掲げる基準に適合するもの（以下この条及び第六十条において「電子署名等確認業務委託者」という。）は、同項第六号に規定する総務大臣による認定を受けたものとみなす。

2　電子署名等確認業務受託者は、電子署名等確認業務委託者から電子署名等確認業務の全部の委託を受けた場合には、総務大臣に対し、当該電子署名等確認業務の全部の委託を受けた旨並びに当該電子署名等確認業務委託者の名称、住所及び代表者の氏名を報告するものとする。

3　電子署名等確認業務受託者は、電子署名等確認業務委託者による法第十七条第一項に規定する法第十八条第一項の保存期間に係る署名用電子証明書失効情報及び同条第二項の保存期間に係る署名用電子証明書失効情報ファイル（以下「署名用電子証明書失効情報等」という。）の提供を求める旨の届出に代えて、当該届出をすることができる。

4　第一項の場合において、電子署名等確認業務受託者が法第十七条第四項に規定する署名検証者であるときは、同項の規定により機構及び当該電子署名等確認業務受託者が締結した取決めをもって、機構及び電子署名等確認業務委託者が同項の取決めを締結したものとみなす。

（行政機関等による署名用電子証明書失効情報等の提供を求める旨の届出事項）

第三十条　法第十七条第一項の規定による署名用電子証明書失効情報等の提供を求める旨の届出は、あらかじめ、次に掲げる事項を機構に届け出ることにより行うものとする。

一　氏名又は名称及び住所並びに法人

にあっては、その代表者の氏名

二　署名用電子証明書失効情報等の提供を受ける事務所の所在地

三　署名用電子証明書失効情報等の提供を開始する日

四　その他総務大臣が必要と認める事項

（機構と署名検証者との間での取決めの内容）

第三十一条　法第十七条第四項に規定する総務省令で定める事項は、次に掲げるとおりとする。

一　署名用電子証明書失効情報等の提供の具体的な方法

二　署名用電子証明書失効情報等の提供の周期

三　損害賠償に関する事項

四　その他総務大臣が必要と認める事項

（団体等による署名用電子証明書失効情報等の提供を求める旨等の届出事項）

第三十二条　法第十七条第五項の規定による署名用電子証明書失効情報等の提供を求める旨及び署名確認者の範囲の届出は、あらかじめ、次に掲げる事項を機構に届け出ることにより行うものとする。

一　名称、住所及び代表者の氏名

二　署名用電子証明書失効情報等の提供を受ける事務所の所在地

三　署名用電子証明書失効情報等の提供を開始する日

四　署名確認者の範囲

五　その他総務大臣が必要と認める事項

（機構と団体署名検証者との間での取決めの内容）

第三十三条　法第十七条第六項において準用する同条第四項に規定する総務省令で定める事項は、次に掲げる事項とする。

一　署名用電子証明書失効情報等の提供の具体的な方法

二　署名用電子証明書失効情報等の提供の周期

三　損害賠償に関する事項

四　団体署名検証者から署名確認者への回答の具体的な方法その他団体署名検証者と署名確認者との間での取決めの内容

五　その他総務大臣が必要と認める事項

（情報の漏えい防止等のために必要な措置）

第三十一条　規則第二十八条第二号へに規定する必要な措置には、次の各号に掲げる措置を含むものとする。

一　規則第二十七条第一号ハに掲げる情報が不要となった場合には、これを速やかに、かつ、確実に消去すること。

二　電子署名等確認業務を行うに当たっては、個人情報の保護に関する法律（平成十五年法律第五十七号）その他の法令を遵守すること。

三　電子署名等確認業務以外の業務において、署名用電子証明書の発行の番号又は利用者証明用電子証明書の発行の番号（以下この号において「署名用電子証明書の発行の番号等」という。）を、個人を識別し管理するための符号として直接に使用せず、署名用電子証明書の発行の番号等に対応し、署名用電子証明書の発行の番号等に代わる番号、記号その他の符号を使用すること。また、署名用電子証明書の発行の番号等を外部に提供しないこと（電子署名等確認業務の実施のために必要な場合を除く。）。

四　前条第二項に規定する機能による記録のうち、次に掲げる事項を、毎年一回、総務大臣に報告すること。

イ　署名利用者から提供を受けた署名用電子証明書及び利用者証明利用者から提供を受けた利用者証明用電子証明書の件数

ロ　イに掲げる署名用電子証明書及び利用者証明用電子証明書のうち削除したものの件数

ハ　機構から提供を受けた署名用電子証明書失効情報、署名用電子証明書失効情報ファイル、利用者証明用電子証明書失効情報、利用者証明用電子証明書失効情報ファイル及び対応証明書の発行の番号（ニにおいて「署名用電子証明書失効情報等」という。）の件数

ニ　署名用電子証明書失効情報等のうち削除したものの件数

ホ　署名用電子証明書失効情報又は署名用電子証明書失効情報ファイルを利用して署名用電子証明書が効力を失っていないことの確認を行った件数及び利用者証明用電子証明書失効情報又は利用者証明用電子証明書失効情報ファイルを利用して利用者証明用電子証明書が

（署名検証者等に対する署名用電子証明書失効情報の提供等）

第十八条　機構は、次条第一項又は第二十条第一項の規定による確認をしようとする署名検証者又は団体署名検証者（以下「署名検証者等」という。）の求めがあったときは、政令で定めるところにより、速やかに、保存期間に係る署名用電子証明書失効情報（第十一条から第十四条までの規定による保存期

（保存期間に係る署名用電子証明書失効情報の提供の方法）

第十三条　機構が行う法第十八条第一項の規定による保存期間に係る署名用電子証明書失効情報（同項に規定する保存期間に係る署名用電子証明書失効情報をいう。以下この条及び第十五条の二第一項において同じ。）の署名検証者等（法第十八条第一項に規定する署名検証者等をいう。以下同じ。）への

効力を失っていないことの確認を行った件数

五　規則第二十九条第一項に規定する電子署名等確認業務受託者にあっては、同項に規定する電子署名等確認業務委託者との間で通信を行う場合には、認定業務情報に係る通信を暗号化するとともに、通信相手を確認する措置を講ずること。

（情報漏えいのおそれがある場合における総務省への報告）

第三十二条　規則第二十八条第三号に規定する体制等には、署名利用者検証符号等の漏えいのおそれがある場合等における総務省への報告に関する事項を含むことを要するものとする。

（保存期間に係る署名用電子証明書失効情報の提供の方法）

第三十四条　令第十三条第一号及び第二号の規定による保存期間に係る署名用電子証明書失効情報の提供は、電子計算機の操作によるものとし、電気通信回線を通じた送信又は電磁的記録媒体の送付の方法に関する技術的基準については、総務大臣が定める。

間が経過していない署名用電子証明書失効情報をいう。以下同じ。）の提供を行うものとする。

2　機構は、署名検証者等の求めに応じ、政令で定めるところにより、保存期間に係る署名用電子証明書失効情報ファイル（第十六条の規定による保存期間が経過していない署名用電子証明書失効情報ファイルをいう。以下同じ。）の提供を行うことができる。

3　機構は、署名検証者が第三十六条第二項に規定する利用者証明検証者である場合において、当該署名検証者の求めがあったときは、政令で定めるところにより、速やかに、次の各号に掲げる場合の区分に応じ、それぞれ当該各号に定める事項（以下「対応証明書の発行の番号」という。）を提供するものとする。

一　利用者証明利用者について当該利用者証明利用者に係る署名用電子証明書の発行の番号の求めがあったとき　第五条の規定による有効期間が経過していない当該利用者証明利用者に係る署名用電子証明書の発行の番号

二　署名利用者について当該署名利用者に係る第二十二条第一項に規定す

提供は、次のいずれかの方法により行うものとする。

一　総務省令で定めるところにより、機構の使用に係る電子計算機から電気通信回線を通じて署名検証者等の使用に係る電子計算機に保存期間に係る署名用電子証明書失効情報を送信する方法

二　総務省令で定めるところにより、機構から保存期間に係る署名用電子証明書失効情報を記録した電磁的記録媒体（法第三条第一項に規定する電磁的記録に係る記録媒体をいう。以下同じ。）を署名検証者等に送付する方法

（保存期間に係る署名用電子証明書失効情報ファイルの提供の方法）

第十四条　機構が行う法第十八条第二項の規定による保存期間に係る署名用電子証明書失効情報ファイル（同項に規定する保存期間に係る署名用電子証明書失効情報ファイルをいう。以下この条及び第十五条の二第一項において同じ。）の署名検証者等への提供は、次のいずれかの方法により行うものとする。

一　総務省令で定めるところにより、

（保存期間に係る署名用電子証明書失効情報ファイルの提供の方法）

第三十五条　令第十四条第一号及び第二号の規定による保存期間に係る署名用電子証明書失効情報ファイルの提供は、電子計算機の操作によるものとし、電気通信回線を通じた送信又は電磁的記録媒体の送付の方法に関する技術的基準については、総務大臣が定める。

る利用者証明用電子証明書の発行の番号の求めがあったとき　第二十四条の規定による有効期間が経過していない当該署名利用者に係る同項に規定する利用者証明用電子証明書の発行の番号

4　機構は、次の各号のいずれかに該当し、又は該当するおそれがあると認めるときは、署名検証者等に対する前三項の規定による保存期間に係る署名用電子証明書失効情報、保存期間に係る署名用電子証明書失効情報ファイル又は対応証明書の発行の番号の提供を停止することができる。

一　署名検証者等が次条、第二十条第一項若しくは第三項、第五十条第一項又は第五十二条第一項から第三項までの規定に違反したとき。

二　署名検証者等から第五十条第一項に規定する受領した署名用電子証明書失効情報等の電子計算機処理等の委託（二以上の段階にわたる委託を含む。）を受けた者が同条第二項において準用する同条第一項の規定に違反したとき。

三　署名検証者等若しくはその役員若しくは職員又はこれらの者であった者が第五十四条第一項の規定に違反

機構の使用に係る電子計算機から電気通信回線を通じて署名検証者等の使用に係る電子計算機に保存期間に係る署名用電子証明書失効情報ファイルを送信する方法

二　総務省令で定めるところにより、機構から保存期間に係る署名用電子証明書失効情報ファイルを記録した電磁的記録媒体を署名検証者等に送付する方法

（対応証明書の発行の番号の提供の方法）

第十五条　機構が行う法第十八条第三項の規定による対応証明書の発行の番号（同項に規定する対応証明書の発行の番号をいう。以下この条において同じ。）の利用者証明検証者（法第三十六条第二項に規定する利用者証明検証者をいう。以下同じ。）である署名検証者（法第十七条第四項に規定する署名検証者をいう。以下この条において同じ。）への提供は、次のいずれかの方法により行うものとする。

一　総務省令で定めるところにより、機構の使用に係る電子計算機から電気通信回線を通じて署名検証者の使用に係る電子計算機に対応証明書の

（対応証明書の発行の番号の提供の方法）

第三十六条　令第十五条第一号及び第二号の規定による対応証明書の発行の番号の提供は、電子計算機の操作によるものとし、電気通信回線を通じた送信又は電磁的記録媒体の送付の方法に関する技術的基準については、総務大臣が定める。

したとき。

四　署名検証者等から第五十条第一項に規定する受領した署名用電子証明書失効情報等の電子計算機処理等の委託（二以上の段階にわたる委託を含む。）を受けた者若しくはその役員若しくは職員又はこれらの者であった者が第五十四条第二項の規定に違反したとき。

五　第五十条第一項に規定する受領した署名用電子証明書失効情報等の電子計算機処理等に関する事務（署名検証者等の委託（二以上の段階にわたる委託を含む。）を受けて行うものを含む。）に従事している者又は従事していた者が第五十六条第一項の規定に違反したとき。

六　署名検証者等が第三十六条第二項に規定する利用者証明検証者である場合において、第三十七条第三項の規定により同条第一項に規定する保存期間に係る利用者証明用電子証明書失効情報又は同条第二項に規定する保存期間に係る利用者証明用電子証明書失効情報ファイルの提供を停止されたとき。

5　機構は、次の各号のいずれかに該当し、又は該当するおそれがある場合に

発行の番号を送信する方法

二　総務省令で定めるところにより、機構から対応証明書の発行の番号を記録した電磁的記録媒体を署名検証者に送付する方法

おいて、特に必要があると認めるときは、団体署名検証者に対する第一項又は第二項の規定による保存期間に係る署名用電子証明書失効情報又は保存期間に係る署名用電子証明書失効情報ファイルの提供を停止することができる。

一 署名確認者が第二十一条、第五十条第三項又は第五十二条第四項の規定に違反したとき。

二 署名確認者から第五十条第三項に規定する受領した回答の電子計算機処理等の委託（二以上の段階にわたる委託を含む。）を受けた者が同条第四項において準用する同条第三項の規定に違反したとき。

三 署名確認者若しくはその役員若しくは職員又はこれらの者であった者が第五十四条第三項において準用する同条第一項の規定に違反したとき。

四 署名確認者から第五十条第三項に規定する受領した回答の電子計算機処理等の委託（二以上の段階にわたる委託を含む。）を受けた者若しくはその役員若しくは職員又はこれらの者であった者が第五十四条第三項において準用する同条第二項の規定に違反したとき。

五　第五十条第三項に規定する受領した回答の電子計算機処理等に関する事務（署名確認者の委託（二以上の段階にわたる委託を含む。）を受けて行うものを含む。）に従事している者又は従事していた者が第五十六条第二項において準用する同条第一項の規定に違反したとき。

（署名検証者の義務）

第十九条　署名検証者は、署名利用者から当該署名利用者の署名利用者符号を用いて電子署名が行われた情報及び署名用電子証明書の通知を受理したときは、当該署名用電子証明書が第十五条第一項の規定により効力を失っていないこと及び当該署名用電子証明書に記録された署名利用者検証符号に対応する署名利用者符号を用いて当該電子署名が行われたことを確認しなければならない。

2　署名検証者は、前項の規定による確認を行うに当たり、署名利用者本人が電子署名を行ったことの確認を当該電子署名に用いられた署名利用者符号が当該署名利用者のものであることを示すための措置として総務省令で定めるものを当該署名利用者に求める方法に

（署名利用者本人が電子署名を行ったことの確認のための措置）

第三十六条の二　法第十九条第二項に規定する総務省令で定める措置は、第六条第二項の規定により設定した暗証番号の入力とする。

より行わなければならない。

3　署名検証者は、署名利用者から通知された署名用電子証明書に記録された署名利用者検証符号を、当該署名用電子証明書とともに通知された情報について行われている電子署名が当該署名利用者検証符号に対応する署名利用者検証符号を用いて行われていることの確認以外の目的に利用してはならない。

（署名用電子証明書失効情報等の提供の求めを終了する旨の届出等）

第十五条の二　署名検証者等は、機構に対する保存期間に係る署名用電子証明書失効情報又は保存期間に係る署名用電子証明書失効情報ファイルの提供の求めを終了しようとするときは、あらかじめ、機構に対し、その旨及びこれらの提供の求めを終了しようとする日その他の総務省令で定める事項の届出をしなければならない。

2　機構は、前項の届出を受けた場合において、当該届出をした法第十七条第一項第五号又は第六号に掲げる者が前項に規定する日後に署名利用者（法第二条第四項に規定する署名利用者をいう。以下この項及び第二十五条の二第二項において同じ。）から通知された

（署名用電子証明書失効情報等の提供の求めを終了する旨の届出事項）

第三十六条の三　令第十五条の二第一項に規定する総務省令で定める事項は次に掲げるとおりとする。

一　氏名又は名称及び住所並びに法人にあっては、その代表者の氏名

二　保存期間に係る署名用電子証明書失効情報等の提供の求めを終了しようとする日

電子署名が行われた情報について当該署名利用者が当該電子署名を行ったことの確認及び利用者証明利用者（法第二条第五項に規定する利用者証明利用者をいう。以下この項及び第二十五条の二第二項において同じ。）が行った電子利用者証明（法第二条第二項に規定する電子利用者証明をいう。以下この項及び第二十五条の二第二項において同じ。）について当該利用者証明利用者が当該電子利用者証明を行ったことの確認のいずれも行わないこととなるときは、速やかに、その旨を総務大臣に通知するものとする。

（受領した署名用電子証明書失効情報等の消去等）

第十五条の三　前条第一項の届出をした者は、同項に規定する日以後、直ちに、受領した署名用電子証明書失効情報等（法第五十条第一項に規定する受領した署名用電子証明書失効情報等をいう。以下この条において同じ。）を消去しなければならない。

2　法第十七条第一項第四号に掲げる者は、電子署名及び認証業務に関する法律第七条第一項若しくは第十四条第一項の規定により当該者に係る同法第四

（団体署名検証者の義務）

第二十条　団体署名検証者は、次条第一項の規定による確認をしようとする署名確認者の求めがあったときは、第十八条第一項又は第二項の規定により提供を受けた保存期間に係る署名用電子証明書失効情報又は保存期間に係る署

条第一項の認定がその効力を失い、若しくは取り消され、又は同法第十条第一項の規定による届出をし、当該認定に係る業務を廃止したときは、直ちに、受領した署名用電子証明書失効情報等及び受領した利用者証明用電子証明書失効情報等（法第五十一条第一項に規定する受領した利用者証明用電子証明書失効情報等をいう。次項及び第二十五条の三において同じ。）を消去しなければならない。

3　法第十七条第一項第五号又は第六号の認定を受けた者は、同条第二項又は第三項の規定により当該認定がその効力を失い、又は取り消されたときは、直ちに、受領した署名用電子証明書失効情報等及び受領した利用者証明用電子証明書失効情報等を消去しなければならない。

（団体署名検証者が行う署名確認者への回答の方法）

第十六条　団体署名検証者（法第十七条第六項に規定する団体署名検証者をいう。以下この条において同じ。）が行う法第二十条第一項の規定による回答は、総務省令で定めるところにより、団体署名検証者の使用に係る電子計算

（団体署名検証者が行う署名確認者への回答の方法）

第三十七条　令第十六条の規定による回答は、電子計算機の操作によるものとし、電気通信回線を通じた送信の方法に関する技術的基準については、総務大臣が定める。

名用電子証明書失効情報ファイルを基に当該求めに係る署名用電子証明書が第十五条第一項の規定により効力を失っていないことを確認し、政令で定めるところにより、速やかに、当該確認の結果について回答しなければならない。

2 前項の規定にかかわらず、団体署名検証者は、第十八条第五項各号のいずれかに該当し、又は該当するおそれがあると認めるときは、前項の規定による回答をしないことができる。

3 団体署名検証者は、署名確認者から署名利用者の署名利用者符号を用いて電子署名が行われた情報及び署名用電子証明書の通知を受領したときは、当該署名用電子証明書に記録された署名利用者検証符号を、当該署名用電子証明書とともに通知された情報について行われている電子署名が当該署名利用者検証符号に対応する署名利用者符号を用いて行われていることの確認以外の目的に利用してはならない。

（署名確認者の義務）

第二十一条 署名確認者は、署名利用者から当該署名利用者の署名利用者符号を用いて電子署名が行われた情報及び

機から電気通信回線を通じて法第十七条第五項に規定する署名確認者の使用に係る電子計算機に送信する方法により行うものとする。

第二節 利用者証明認証業務

第一款 利用者証明用電子証明書

（電子利用者証明の基準）

第三十八条 法第二条第二項に規定する総務省令で定める基準は、電子利用者証明の安全性がほぼ同じ大きさの二つ

署名用電子証明書の通知を受領したとき（第十七条第五項第一号に掲げる団体に所属する署名確認者にあっては法律の規定に基づき他人の依頼を受けて行政機関等及び裁判所に対する申請、届出その他の手続を行う場合に、同項第二号に掲げる団体又は機関に所属する署名確認者にあっては行政機関等及び裁判所に対する申請、届出その他の手続に必要な電磁的記録を提供する場合に限る。）は、当該署名用電子証明書が第十五条第一項の規定により効力を失っていないこと及び当該署名用電子証明書に記録された署名利用者検証符号に対応する署名利用者符号を用いて当該電子署名が行われたことを確認しなければならない。

2　署名確認者は、署名利用者から通知された署名用電子証明書に記録された署名利用者検証符号を、当該署名用電子証明書とともに通知された情報について行われている電子署名が当該署名符号を用いて行われていることを確認する署名利用者検証符号に対応する署名利用者符号を用いて行われていることの確認以外の目的に利用してはならない。

第二節　利用者証明認証業務

第一款　利用者証明用電子証明書

（利用者証明用電子証明書の発行の申請書の記載事項）

第十七条　法第二十二条第二項に規定する申請書には、同項に規定する事項のほか、申請の年月日その他の総務省令で定める事項を記載しなければならない。

の素数の積である二千四十八ビット以上の整数の素因数分解の有する困難性に基づくものであることとする。

（利用者証明利用者符号及び利用者証明利用者検証符号の対応）

第三十九条　法第二条第五項の規定による対応は、利用者証明利用者符号及び利用者証明利用者検証符号が住所地市町村長の使用に係る電子計算機を用いて作成されることにより対応するものであることとする。

（利用者証明用電子証明書の発行の申請書の記載事項）

第四十条　令第十七条に規定する総務省令で定める事項は、申請の年月日とする。

第二節　利用者証明認証業務

第一款　利用者証明用電子証明書

（利用者証明用電子証明書の発行）

第二十二条　住民基本台帳に記録されている者は、住所地市町村長を経由して、機構に対し、自己に係る利用者証明用電子証明書（利用者証明利用者検証符号が当該利用者証明利用者のものであることを証明するために作成される電磁的記録をいう。以下同じ。）の発行の申請をすることができる。

2　前項の申請をしようとする者（以下この条において「申請者」という。）は、政令で定めるところにより、住所地市町村長に対し、当該申請者に係る住民票に記載されている事項のうち住民基本台帳法第七条第一号から第三号まで及び第七号に掲げる事項（同号に掲げる事項については、住所とする。）を記載した申請書（以下この条において「申請書」という。）を提出しなければならない。

3　住所地市町村長は、前項の規定により申請書の提出を受けたときは、申請者が当該市町村の備える住民基本台帳に記録されている者であることの確認

（利用者証明利用者確認の際に提出する書類）

第四十一条　法第二十二条第三項の規定による書類の提示又は提出の求めは、次の各号に掲げるいずれかの書類の提示又は提出を求めることにより行うも

（以下この条において「利用者証明利用者確認」という。）をするものとし、利用者証明利用者確認のため、総務省令で定めるところにより、これを証明する書類の提示又は提出を申請者に求めることができる。

4　住所地市町村長は、前項の規定により利用者証明利用者確認をしたときは、当該申請者の利用者証明利用者符号及びこれと対応する利用者証明利用者検証符号を作成し、これらを当該申請者の個人番号カードその他の総務省令で定める電磁的記録媒体に記録するものとする。

5　住所地市町村長は、前項の規定による記録をしたときは、総務省令で定めるところにより、当該申請者に係る申請書の内容及び利用者証明利用者検証符号を機構に通知するものとする。

6　前項の規定による通知を受けた機構は、総務省令で定めるところにより、機構が電子署名を行った当該申請に係る利用者証明用電子証明書を発行し、これを住所地市町村長に通知するものとする。

7　前項の規定による通知を受けた住所地市町村長は、総務省令で定めるところ

のとする。

一　旅券、一時庇護許可書、在留カード、仮滞在許可書、特別永住者証明書、別表に掲げる免許証、許可証若しくは資格証明書等、個人番号カード又は官公庁がその職員に対して発行した身分を証明するに足りる文書で当該職員の写真を貼り付けたものであって申請者が当該申請者本人であることを確認するため住所地市町村長が適当と認めるもの

二　利用者証明用電子証明書の発行の申請について、申請者が本人であること及び当該申請が本人の意思に基づくものであることを確認するため、郵便その他住所地市町村長が適当と認める方法により当該申請者に対して文書で照会したその回答書及び住所地市町村長が適当と認める書類

2　住所地市町村長は、法第二十二条第三項に規定する利用者証明利用者確認を代理人を通じてするときは、当該代理人に対し、申請者本人の署名又は記名押印がある委任状及び次の各号に掲げる書類の提示又は提出を求めるものとする。

一　旅券、一時庇護許可書、在留カード、仮滞在許可書、特別永住者証明

ろにより、当該通知に係る利用者証明用電子証明書を第四項の電磁的記録媒体に記録して申請者に提供するものとする。

8 第五項の規定による申請書の内容及び利用者証明利用者検証符号の通知並びに第六項の規定による利用者証明用電子証明書の通知は、総務省令で定めるところにより、住所地市町村長又は機構の使用に係る電子計算機から電気通信回線を通じて相手方である機構又は住所地市町村長の使用に係る電子計算機に送信することによって行うものとする。

（令和元年法律第一六号一部改正・未施行）

見出しを削り、同条の前に見出しとして「（利用者証明用電子証明書の発行）」を付し、同条第二項中「（同号に掲げる事項については、住所とする。）」を削る。第二十二条の次に次の一条を加える。

第二十二条の二 戸籍の附票に記録されている国外転出者は、附票管理市町村長を経由して、機構に対し、自己に係る利用者証明用電子証明書の発行の申請をすることができる。

2 前条第二項から第八項までの規

書、別表に掲げる免許証、許可証若しくは資格証明書等、個人番号カード又は官公庁がその職員に対して発行した身分を証明するに足りる文書で当該職員の写真を貼り付けたものであって代理人が当該代理人本人であることを確認するため住所地市町村長が適当と認めるもの

二 利用者証明用電子証明書の発行の申請について、申請者が本人であること及び当該申請が本人の意思に基づくものであることを確認するため、郵便その他住所地市町村長が適当と認める方法により当該申請者に対して文書で照会したその回答書及び住所地市町村長が適当と認める書類

3 前二項の規定は、法第二十八条第二項において準用する法第二十二条第三項の規定による書類の提示又は提出の求めについて準用する。この場合において、第一項第二号及び前項第二号中「利用者証明用電子証明書の発行の申請」とあるのは、「法第二十八条第一項の申請」と読み替えるものとする。

4 第一項及び第二項の規定は、法第二十九条第二項において準用する法第二十二条第三項の規定による書類の提示又は提出の求めについて準用する。こ

定は、前項の申請について準用する。この場合において、同条第二項中「住所地市町村長」とあるのは「附票管理市町村長」と、「住民票」とあるのは「戸籍の附票」と、「第七条第一号から第三号まで及び第七号」とあるのは「第十七条第二号から第六号まで」と、同条第三項中「住所地市町村長」とあるのは「附票管理市町村長」と、「住民基本台帳」とあるのは「戸籍の附票」と、同条第四項から第八項までの規定中「住所地市町村長」とあるのは「附票管理市町村長」と読み替えるものとする。
〔施行日＝公布の日から起算して五年を超えない範囲内において政令で定める日＝附則一条十参照〕

の場合において、第一項第一号中「申請者が」とあるのは「届出者が」と、「申請者本人」とあるのは「届出者本人」と、同項第二号中「利用者証明用電子証明書の発行の申請」とあるのは「法第二十九条第一項の届出」と、「申請者」とあるのは「届出者」と、「当該申請」とあるのは「当該届出」と、第二項中「申請者本人」とあるのは「届出者本人」と、同項第二号中「利用者証明用電子証明書の発行の申請」とあるのは「法第二十九条第一項の申請」と、「申請者」とあるのは「届出者」と、「当該申請」とあるのは「当該届出」と読み替えるものとする。

（利用者証明利用者符号及び利用者証明利用者検証符号の作成の方法等）

第四十二条　法第二十二条第四項の規定による利用者証明利用者符号及び利用者証明利用者検証符号の作成は、電子計算機の操作によるものとし、利用者証明利用者符号及び利用者証明利用者検証符号の作成の方法に関する技術的基準については、総務大臣が定める。

2　申請者は、法第二十二条第四項の規定により住所地市町村長が利用者証明利用者符号及び利用者証明利用者検証符号を作成し、及びこれらを同項の電磁的記録媒体に記録するときは、当該電磁的記録媒体に記録された利用者証明利用者符号を利用するために用いる暗証番号を設定するものとする。

3　住所地市町村長は、法第二十二条第四項の規定により作成した利用者証明利用者符号及びその複製を、当該住所地市町村長の使用に係る電子計算機に記録しないものとする。

（利用者証明利用者符号及び利用者証明利用者検証符号を記録する電磁的記録媒体）

第四十三条　法第二十二条第四項に規定する総務省令で定める電磁的記録媒体は、個人番号カードその他の半導体集積回路を一体として組み込んだカード（住所地市町村長の使用に係る電子計算機の操作により利用者証明利用者符号及び利用者証明利用者検証符号を安全かつ確実に記録できるものに限る。）であって、総務大臣が定める技術的基準を満たすものとする。

（機構への通知）

第四十四条　法第二十二条第五項の規定による申請書の内容及び利用者証明利

用者検証符号の機構への通知は、これらを暗号化して行うものとする。

（利用者証明用電子証明書の発行の方法等）

第四十五条　法第二十二条第六項の規定による利用者証明用電子証明書の発行は、機構の使用に係る電子計算機の操作によるものとし、利用者証明用電子証明書の発行の方法に関する技術的基準については、総務大臣が定める。

2　法第二十二条第六項の規定による利用者証明用電子証明書の住所地市町村長への通知は、これを暗号化して行うものとする。

（利用者証明用電子証明書の提供に係る手続）

第四十六条　法第二十二条第七項の規定により住所地市町村長が利用者証明用電子証明書を申請者に提供するときは、次に掲げる措置を行うものとする。

一　申請者に対し、その求めに応じ、申請に係る利用者証明用電子証明書の写し（法第二十二条第四項の電磁的記録媒体に記録されている利用者証明用電子証明書を印字したものをいう。）を交付すること。

（利用者証明利用者符号の適切な管理）

第二十三条 利用者証明利用者は、総務省令で定めるところにより、当該利用者証明利用者の利用者証明利用者符号の漏えい、滅失及び毀損の防止その他利用者証明利用者符号の適切な管理を行わなければならない。

二 申請者に対し、書類の交付その他の適切な方法により、利用者証明用電子証明書の利用方法その他の利用者証明認証業務の利用に関する重要な事項についての説明を行うこと。

三 その他総務大臣が必要と認める措置

（申請書の内容等の通知の方法）

第四十七条 法第二十二条第八項の規定による申請書の内容及び利用者証明利用者検証符号の通知並びに利用者証明用電子証明書の通知は、電子計算機の操作によるものとし、電気通信回線を通じた送信の方法に関する技術的基準については、総務大臣が定める。

（利用者証明利用者符号の管理の方法）

第四十八条 法第二十三条の規定による利用者証明利用者符号の漏えい、滅失及び毀損の防止その他利用者証明利用者符号の適切な管理は、次に掲げるところによるものとする。

一 法第二十二条第四項の規定により利用者証明利用者符号の記録された同項の電磁的記録媒体を他人に譲渡し、又はみだりに貸与しないこと。

二 第四十二条第二項の規定により設

（利用者証明用電子証明書の有効期間）

第二十四条 利用者証明用電子証明書の有効期間は、総務省令で定める。

（利用者証明用電子証明書の二重発行の禁止）

第二十五条 利用者証明利用者は、当該利用者証明利用者に係る利用者証明用電子証明書が第三十四条第一項の規定により効力を失わない限り、重ねて利用者証明用電子証明書の発行を受けることができない。

（利用者証明用電子証明書の記録事項）

第二十六条 利用者証明用電子証明書には、次に掲げる事項を記録するものと

定した暗証番号をみだりに他人に知らせないこと。

（利用者証明用電子証明書の有効期間）

第四十九条 法第二十四条に規定する利用者証明用電子証明書の有効期間は、利用者証明用電子証明書の発行の日から次に掲げる日のうちいずれか早い日までとする。

一 発行の日後の申請者の五回目（申請者が発行を受けている利用者証明用電子証明書の有効期間が満了する日までの期間が三月未満となった場合において、申請者が法第二十八条第一項の規定による当該利用者証明用電子証明書の失効を求める旨の届出及び法第二十二条第一項の規定による新たな利用者証明用電子証明書の発行の申請をし、当該新たな利用者証明用電子証明書の発行を受けるときにあっては、六回目）の誕生日

二 当該利用者証明用電子証明書が記録された個人番号カードの有効期間が満了する日

（利用者証明用電子証明書の記録事項）

第五十条 法第二十六条第二号に規定する総務省令で定めるものは、利用者証

する。

一 利用者証明用電子証明書の発行の番号、発行年月日及び有効期間の満了する日

二 利用者証明利用者検証符号及び当該利用者証明利用者検証符号に関する事項で総務省令で定めるもの

三 その他総務省令で定める事項

（利用者証明用電子証明書発行記録の記録）

第二十七条 機構は、利用者証明用電子証明書を発行したときは、総務省令で定めるところにより、当該利用者証明用電子証明書（当該利用者証明用電子証明書について機構が行った電子署名に係る電磁的記録を含む。）及び当該利用者証明用電子証明書の発行を受けた利用者証明利用者に係る住民票に記載されている住民基本台帳法第七条第十三号に規定する住民票コード（以下「利用者証明用電子証明書発行記録」という。）を電磁的記録媒体に記録し、これを発行した日から政令で定める期間保存しなければならない。

（利用者証明用電子証明書発行記録の保存期間）

第十八条 法第二十七条の政令で定める期間は、同条の規定により機構が記録した利用者証明用電子証明書発行記録（同条に規定する利用者証明用電子証明書発行記録をいう。以下この条において同じ。）に係る法第二十二条第六項の規定により発行される同条第一項に規定する利用者証明用電子証明書の発行の日から、当該利用者証明用電子証明書発行記録に係る利用者証明用電子証明書の有効期間（法第二十四条に規定する利用者証明用電子証明書の有効期間をいう。以下同じ。）の満了すべき日の翌日から起算して十年を経過する日までとする。

明利用者検証符号に係るアルゴリズムの識別子とする。

2 法第二十六条第三号に規定する総務省令で定める事項は、次に掲げる事項とする。

一 利用者証明用電子証明書を発行した機構の名称

二 利用者証明用電子証明書の用途に関する事項

三 その他総務大臣が定める事項

（利用者証明用電子証明書発行記録の記録及び保存の方法）

第五十一条 法第二十七条の規定による利用者証明用電子証明書発行記録の記録及び保存は、電子計算機の操作によるものとし、電磁的記録媒体への記録及びその保存の方法に関する技術的基準については、総務大臣が定める。

〔令和元年法律第一六号一部改正・未施行〕
「住民票に」を「住民票（国外転出者である利用者証明利用者にあっては、当該利用者証明利用者に係る戸籍の附票）に」に改める。
〔施行日＝公布の日から起算して五年を超えない範囲内において政令で定める日＝附則一条十参照〕

（利用者証明用電子証明書の失効を求める旨の申請）

第二十八条　利用者証明利用者は、機構に対し、当該利用者証明利用者に係る利用者証明用電子証明書の失効を求める旨の申請をすることができる。

2　第二十二条第二項、第三項、第五項及び第八項の規定は、前項の申請について準用する。この場合において、同条第五項中「前項の規定による記録をしたときは、総務省令で定めるところにより」とあるのは「総務省令で定めるところにより」と、「申請書の内容及び利用者証明利用者検証符号」とあるのは「申請書の内容」と、同条第八項中「申請書の内容及び利用者証明利用者検証符号の通知並びに第六項の規

（利用者証明用電子証明書の失効を求める旨の申請の通知の方法）

第五十二条　法第二十八条第三項の規定による同条第一項の利用者証明用電子証明書の失効を求める旨の通知は、これを暗号化して行うものとする。

定による利用者証明用電子証明書」とあるのは「申請書の内容」と、「住所地市町村長又は機構」とあるのは「住所地市町村長」と、「機構又は住所地市町村長」とあるのは「機構」と読み替えるものとする。

3 利用者証明利用者が署名利用者である場合においては、当該利用者証明利用者は、前項において準用する第二十二条第二項、第三項、第五項及び第八項の規定によるほか、総務省令で定めるところにより、当該利用者証明利用者の使用に係る電子計算機から電気通信回線を通じて機構の使用に係る電子計算機に送信することにより第一項の申請をすることができる。この場合においては、当該利用者証明利用者は、当該利用者証明利用者の署名利用者符号を用いて、当該申請に電子署名を行わなければならない。

（令和元年法律第一六号一部改正・未施行）

第二項中「の申請」の下に「（国外転出者である利用者証明利用者による申請を除く。）」を加え、「で定めるところにより」を削り、同条第三項中「前項」を「第二項」に改め、「第八項」の下に「又は前項において準用する第二十二条の二第二項において準用する第二十二条第二項、第三項、第五項及び第八項」を加え、同項を同条第四項とし、同条第二項の次に次の一項を加える。

3　第二十二条の二第二項において読み替えて準用する第二十二条第二項、第三項、第五項及び第八項の規定は、第一項の申請（国外転出者である利用者証明利用者による申請に限る。）について準用する。この場合において、同条第五項中「前項の規定による記録をしたときは、総務省令」とあるのは「総務省令」と、「申請書の内容及び利用者証明利用者検証符号」とあるのは「申請書の内容」と、同条第八項中「申請書の内容及び利用者証明利用者検証符号の通知並びに第六項の規定による利用者証明用電子証明書」とあるのは「申請書の内容」と、「附票管理市町村長又は機構」とあるのは「附票管理市町村長」と、「機構又は附票管理市町村長」とあるのは「機構」と読み替えるものとする。

〔施行日＝公布の日から起算して五年を超えない範囲内において政令

で定める日＝附則一条十参照）

（利用者証明利用者符号の漏えい等があった旨の届出）
第二十九条 利用者証明利用者は、当該利用者証明利用者の利用者証明利用者符号が漏えいし、滅失し、若しくは毀損したとき、又は当該利用者証明利用者符号を記録した第二十二条第四項の電磁的記録媒体が使用できなくなったときは、住所地市町村長を経由して、速やかに機構にその旨の届出をしなければならない。

2 第二十二条第二項、第三項、第五項及び第八項の規定は、前項の届出について準用する。この場合において、同条第二項中「申請者」とあるのは「届出者」と、「申請書」とあるのは「届出書」と、同条第三項中「申請書」とあるのは「届出書」と、「申請者」とあるのは「届出者」と、同条第五項中「前項の規定による記録をしたときは、総務省令で定めるところにより」とあるのは「総務省令で定めるところにより」と、「申請者」とあるのは「届出者」と、「申請書の内容及び利用者証明利用者検証符号」とあるのは「届出

（個人番号カードがその効力を失い使用できなくなった場合の届出の特例）
第五十三条 法第二十二条第四項の規定により利用者証明利用者符号を記録した個人番号カードが、番号利用法第十七条第六項の規定によりその効力を失い、使用できなくなったときは、機構に対し、当該利用者証明利用者符号に係る利用者証明利用者による法第二十九条第一項の規定による法第二十二条第四項の電磁的記録媒体が使用できなくなった旨の届出があったものとみなす。

書の内容」と、同条第八項中「申請書の内容及び利用者証明利用者検証符号の通知並びに第六項の規定による利用者証明用電子証明書」とあるのは「届出書の内容」と、「住所地市町村長又は機構」とあるのは「住所地市町村長」と、「機構又は住所地市町村長」とあるのは「機構」と読み替えるものとする。

（令和元年法律第一六号一部改正・未施行）

第一項中「第二十二条第四項」の下に「（第二十二条の二第二項において準用する場合を含む。）」を、「住所地市町村長」の下に「（国外転出者である利用者証明利用者にあっては、附票管理市町村長）」を加え、同条第二項中「の届出」の下に「（国外転出者である利用者証明利用者による届出を除く。）」を、「同条第二項」の下に「及び第三項」を加え、「、同条第三項中「申請書」とあるのは「届出書」と、「申請者」とあるのは「届出者」と」及び「で定めるところにより」を削り、同条に次の一項を加える。

3　第二十二条の二第二項において読み替えて準用する第二十二条第

二項、第三項、第五項及び第八項の規定は、第一項の届出（国外転出者である利用者証明利用者による届出に限る。）について準用する。この場合において、同条第二項及び第三項中「申請者」とあるのは「届出者」と、「申請書」とあるのは「届出書」と、同条第五項中「前項の規定による記録をしたときは、総務省令」とあるのは「総務省令」と、「申請者」とあるのは「届出者」と、「申請書の内容及び利用者証明利用者検証符号」とあるのは「届出書の内容」と、同条第八項中「申請書の内容及び利用者証明利用者検証符号の通知並びに第六項の規定による利用者証明用電子証明書」とあるのは「届出書の内容」と、「附票管理市町村長又は機構」とあるのは「附票管理市町村長」と、「機構又は附票管理市町村長」とあるのは「機構」と読み替えるものとする。

〔施行日＝公布の日から起算して五年を超えない範囲内において政令で定める日＝附則一条十参照〕

（利用者証明用電子証明書失効申請等情報の記録）

第三十条　第二十八条第一項の申請又は前条第一項の届出を受けた機構は、直ちに、当該申請又は届出に係る利用者証明用電子証明書の発行の番号、第二十八条第一項の申請があった旨又は前条第一項の届出があった旨及びこれらの事項をこの条の規定により記録する年月日（以下「利用者証明用電子証明書失効申請等情報」という。）を、総務省令で定めるところにより、電磁的記録媒体に記録し、これを当該記録をした日から政令で定める期間保存しなければならない。

（利用者証明用電子証明書失効申請等情報の保存期間）

第十九条　法第三十条の政令で定める期間は、同条の規定により機構が利用者証明用電子証明書失効申請等情報（同条に規定する利用者証明用電子証明書失効申請等情報をいう。以下この条において同じ。）を記録した日から当該利用者証明用電子証明書失効申請等情報に係る利用者証明用電子証明書の有効期間の満了すべき日までとする。

（利用者証明用電子証明書失効申請等情報の記録及び保存の方法）

第五十四条　法第三十条の規定による利用者証明用電子証明書失効申請等情報の記録及び保存は、電子計算機の操作によるものとし、電磁的記録媒体への記録及びその保存の方法に関する技術的基準については、総務大臣が定める。

（利用者証明利用者異動等失効情報の記録）

第三十一条　機構は、機構保存本人確認情報によって利用者証明利用者が次に掲げる事由のいずれかに該当することを知ったときは、直ちに、当該利用者証明利用者に発行した利用者証明用電子証明書の発行の番号、当該事由に該当した旨及びこれらの事項をこの条の規定により記録する年月日（以下「利用者証明利用者異動等失効情報」という。）を、総務省令で定めるところに

（利用者証明利用者異動等失効情報の保存期間）

第二十条　法第三十一条の政令で定める期間は、同条の規定により機構が利用者証明利用者異動等失効情報（同条に規定する利用者証明利用者異動等失効情報をいう。以下この条において同じ。）を記録した日から当該利用者証明利用者異動等失効情報に係る利用者証明用電子証明書の有効期間の満了すべき日までとする。

（利用者証明利用者異動等失効情報の記録及び保存の方法）

第五十五条　法第三十一条の規定による利用者証明利用者異動等失効情報の記録及び保存は、電子計算機の操作によるものとし、電磁的記録媒体への記録及びその保存の方法に関する技術的基準については、総務大臣が定める。

より、電磁的記録媒体に記録し、これを当該記録をした日から政令で定める期間保存しなければならない。

一　当該利用者証明利用者に係る住民票が消除されたこと（住民基本台帳法第二十四条の規定による届出（次号において「転出届」という。）に基づき当該住民票が消除された場合を除く。）。

二　当該利用者証明利用者が転出届をした場合において、当該利用者証明利用者が住民基本台帳法第二十二条第一項の規定による届出を行うことなく、当該転出届により届け出た転出の予定年月日から三十日を経過したこと。

（令和元年法律第一六号一部改正・未施行）

「機構保存本人確認情報」を「機構保存本人確認情報等」に改め、同条第二号中「が転出届」の下に「（国外転出届をしてから当該国外転出届に記載された転出の予定年月日までの間に第二十二条の規定により利用者証明用電子証明書の発行を受けた利用者証明利用者にあっては、当該国外転出届を除く。）」を加え、同条に次の一号を加える。

三　当該利用者証明利用者（国外転出者である者に限る。）に係る戸籍の附票の全部又は一部が消除され、いずれの市町村においても戸籍の附票に記録されていない者となったこと。

〔施行日＝公布の日から起算して五年を超えない範囲内において政令で定める日＝附則一条十参照〕

（利用者証明用電子証明書記録誤り等に係る情報の記録）

第三十二条　機構は、利用者証明用電子証明書に記録された事項について、当該利用者証明用電子証明書に係る記録誤り又は記録漏れ（以下「利用者証明用電子証明書記録誤り等」という。）があることを知ったときは、直ちに、当該利用者証明用電子証明書記録誤り等があった利用者証明用電子証明書の発行の番号、利用者証明用電子証明書記録誤り等があった旨及びこれらの事項をこの条の規定により記録する年月日（以下「利用者証明用電子証明書記録誤り等に係る情報」という。）を、総務省令で定めるところにより、電磁的記録媒体に記録し、これを当該記録

（利用者証明用電子証明書記録誤り等に係る情報の保存期間）

第二十一条　法第三十二条の政令で定める期間は、同条の規定により機構が利用者証明用電子証明書記録誤り等に係る情報（同条に規定する利用者証明用電子証明書記録誤り等に係る情報をいう。以下この条において同じ。）を記録した日から当該利用者証明用電子証明書記録誤り等に係る情報に係る利用者証明用電子証明書の有効期間の満了すべき日までとする。

（利用者証明用電子証明書記録誤り等に係る情報の記録及び保存の方法）

第五十六条　法第三十二条の規定による利用者証明用電子証明書記録誤り等に係る情報の記録及び保存は、電子計算機の操作によるものとし、電磁的記録媒体への記録及びその保存の方法に関する技術的基準については、総務大臣が定める。

をした日から政令で定める期間保存しなければならない。

（利用者証明用電子証明書発行者署名符号の漏えい等に係る情報の記録）

第三十三条　機構は、利用者証明用電子証明書に係る利用者証明用電子証明書発行者署名符号（機構が当該利用者証明用電子証明書について電子署名を行うために用いた符号をいう。以下この条において同じ。）が漏えいし、滅失し、又は毀損したこと（以下この条において「利用者証明用電子証明書発行者署名符号の漏えい等」という。）を知ったときは、直ちに、当該利用者証明用電子証明書発行者署名符号を用いて電子署名を行った利用者証明用電子証明書の発行の番号、利用者証明用電子証明書発行者署名符号の漏えい等があった旨及びこれらの事項をこの条の規定により記録する年月日（以下「利用者証明用電子証明書発行者署名符号の漏えい等に係る情報」という。）を、総務省令で定めるところにより、電磁的記録媒体に記録し、これを当該記録をした日から政令で定める期間保存しなければならない。

（利用者証明用電子証明書発行者署名符号の漏えい等に係る情報の保存期間）

第二十二条　法第三十三条の政令で定める期間は、同条の規定により機構が利用者証明用電子証明書発行者署名符号の漏えい等に係る情報（同条に規定する利用者証明用電子証明書発行者署名符号の漏えい等に係る情報をいう。以下この条において同じ。）を記録した日から当該利用者証明用電子証明書発行者署名符号の漏えい等に係る情報に係る利用者証明用電子証明書の有効期間の満了すべき日までとする。

（利用者証明用電子証明書発行者署名符号の漏えい等に係る情報の記録及び保存の方法）

第五十七条　法第三十三条の規定による利用者証明用電子証明書発行者署名符号の漏えい等に係る情報の記録及び保存は、電子計算機の操作によるものとし、電磁的記録媒体への記録及びその保存の方法に関する技術的基準については、総務大臣が定める。

（利用者証明用電子証明書の失効）

第三十四条 利用者証明用電子証明書は、次の各号のいずれかに該当するときは、その効力を失う。

一 機構が第三十条の規定により利用者証明用電子証明書失効申請等情報を記録したとき。

二 機構が第三十一条の規定により利用者証明利用者異動等失効情報を記録したとき。

三 機構が第三十二条の規定により利用者証明用電子証明書記録誤り等に係る情報を記録したとき。

四 機構が前条の規定により利用者証明用電子証明書発行者署名符号の漏えい等に係る情報を記録したとき。

五 利用者証明用電子証明書の有効期間が満了したとき。

2 機構は、前項第三号の規定により利用者証明用電子証明書の効力が失われたときは、利用者証明用電子証明書記録誤り等があった利用者証明用電子証明書の発行を受けた利用者証明利用者に対し、速やかに当該利用者証明用電子証明書に利用者証明用電子証明書記録誤り等があった旨及び当該利用者証明用電子証明書の効力が失われた旨を通知しなければならない。

（利用者証明用電子証明書発行者署名符号の漏えい等による利用者証明用電子証明書の失効の場合の公表の方法）

第五十八条 法第三十四条第三項の規定による公表は、インターネットの利用その他の方法によるものとする。

3　機構は、第一項第四号の規定により利用者証明用電子証明書の効力が失われたときは、総務省令で定めるところにより、遅滞なくその旨を公表しなければならない。

（利用者証明用電子証明書失効情報ファイルの作成等）

第三十五条　機構は、総務省令で定めるところにより、利用者証明用電子証明書失効情報ファイル（一定の時点において保存されている利用者証明用電子証明書失効情報（第三十条の規定により保存する利用者証明用電子証明書失効申請等情報、第三十一条の規定により保存する利用者証明利用者異動等失効情報、第三十二条の規定により保存する利用者証明用電子証明書記録誤り等に係る情報及び第三十三条の規定により保存する利用者証明用電子証明書発行者署名符号の漏えい等に係る情報をいう。以下同じ。）の集合物であって、それらの利用者証明用電子証明書失効情報を電子計算機を用いて検索することができるように体系的に構成したものをいう。以下同じ。）を定期的に作成し、これを作成した日から政令で定める期間保存しなければならない。

（利用者証明用電子証明書失効情報ファイルの保存期間）

第二十三条　法第三十五条の政令で定める期間は、十年とする。

（利用者証明用電子証明書失効情報ファイルの作成及び保存の方法）

第五十九条　法第三十五条の規定による利用者証明用電子証明書失効情報ファイルの作成及び保存は、電子計算機の操作により、これを電磁的記録媒体に記録し、及び保存することによって行うものとし、電磁的記録媒体への記録及びその保存の方法に関する技術的基準については、総務大臣が定める。

第二款　利用者証明検証者に対する利用者証明用電子証明書失効情報等の提供

（利用者証明検証者に係る届出等）

第三十六条　第十七条第一項各号に掲げる者は、利用者証明利用者が行った電子利用者証明について当該利用者証明利用者が当該電子利用者証明を行ったことを確認するため、機構に対して次条第一項の規定による同項に規定する保存期間に係る利用者証明用電子証明書失効情報の提供及び同条第二項の規定による同項に規定する保存期間に係る利用者証明用電子証明書失効情報ファイルの提供を求めようとする場合には、あらかじめ、機構に対し、総務省令で定めるところにより、これらの提供を求める旨の届出をしなければならない。

2　前項の届出を受けた機構及び当該届出をした者（以下「利用者証明検証者」という。）は、機構が次条第一項及び第二項の規定により提供を行う情報の範囲その他当該提供を行うに当たって合意しておくべきものとして総

第二款　利用者証明検証者に対する利用者証明用電子証明書失効情報等の提供

第二款　利用者証明検証者に対する利用者証明用電子証明書失効情報等の提供

（電子署名等確認業務の全部を委託する場合の届出等の特例）

第六十条　電子署名等確認業務受託者は、電子署名等確認業務委託者による法第三十六条第一項に規定する法第三十七条第一項の保存期間に係る利用者証明用電子証明書失効情報及び同条第二項の保存期間に係る利用者証明用電子証明書失効情報ファイル（以下「利用者証明用電子証明書失効情報等」という。）の提供を求める旨の届出に代えて、当該届出をすることができる。

2　第二十九条第一項の場合において、電子署名等確認業務受託者が法第三十六条第二項に規定する利用者証明検証者であるときは、同項の規定により機構及び当該電子署名等確認業務受託者が締結した取決めをもって、機構及び電子署名等確認業務委託者が同項の取決めを締結したものとみなす。

（利用者証明用電子証明書失効情報等の提供を求める旨の届出事項）

務省令で定める事項について、あらかじめ、取決めを締結しなければならない。

第六十一条　法第三十六条第一項の規定による利用者証明用電子証明書失効情報等の提供を求める旨の届出は、あらかじめ、次に掲げる事項を機構に届け出ることにより行うものとする。

一　氏名又は名称及び住所並びに法人にあっては、その代表者の氏名

二　利用者証明用電子証明書失効情報等の提供を受ける事務所の所在地

三　利用者証明用電子証明書失効情報等の提供を開始する日

四　その他総務大臣が必要と認める事項

（機構と利用者証明検証者との間での取決めの内容）

第六十二条　法第三十六条第二項に規定する総務省令で定める事項は、次に掲げるとおりとする。

一　利用者証明用電子証明書失効情報等の提供の具体的な方法

二　利用者証明用電子証明書失効情報等の提供の周期

三　損害賠償に関する事項

四　その他総務大臣が必要と認める事項

（利用者証明検証者に対する利用者証明用電子証明書失効情報の提供等）

第三十七条　機構は、次条第一項の規定による確認をしようとする利用者証明検証者の求めがあったときは、政令で定めるところにより、速やかに、保存期間に係る利用者証明用電子証明書失効情報（第三十条から第三十三条までの規定による保存期間が経過していない利用者証明用電子証明書失効情報をいう。以下同じ。）の提供を行うものとする。

2　機構は、利用者証明検証者の求めに応じ、政令で定めるところにより、保存期間に係る利用者証明用電子証明書失効情報ファイル（第三十五条の規定による保存期間が経過していない利用者証明用電子証明書失効情報ファイルをいう。以下同じ。）の提供を行うことができる。

3　機構は、次の各号のいずれかに該当し、又は該当するおそれがあると認めるときは、利用者証明検証者に対する前二項の規定による保存期間に係る利用者証明用電子証明書失効情報又は保存期間に係る利用者証明用電子証明書失効情報ファイルの提供を停止することができる。

（保存期間に係る利用者証明用電子証明書失効情報の提供の方法）

第二十四条　機構が行う法第三十七条第一項の規定による保存期間に係る利用者証明用電子証明書失効情報（同項に規定する保存期間に係る利用者証明用電子証明書失効情報をいう。以下この条及び第二十五条の二第一項において同じ。）の利用者証明検証者への提供は、次のいずれかの方法により行うものとする。

一　総務省令で定めるところにより、機構の使用に係る電子計算機から電気通信回線を通じて利用者証明検証者の使用に係る電子計算機に保存期間に係る利用者証明用電子証明書失効情報を送信する方法

二　総務省令で定めるところにより、機構から保存期間に係る利用者証明用電子証明書失効情報を記録した電磁的記録媒体を利用者証明検証者に送付する方法

（保存期間に係る利用者証明用電子証明書失効情報ファイルの提供の方法）

第二十五条　機構が行う法第三十七条第二項の規定による保存期間に係る利用者証明用電子証明書失効情報ファイル

（保存期間に係る利用者証明用電子証明書失効情報の提供の方法）

第六十三条　令第二十四条第一号及び第二号の規定による保存期間に係る利用者証明用電子証明書失効情報の提供は、電子計算機の操作によるものとし、電気通信回線を通じた送信又は電磁的記録媒体の送付の方法に関する技術的基準については、総務大臣が定める。

（保存期間に係る利用者証明用電子証明書失効情報ファイルの提供の方法）

第六十四条　令第二十五条第一号及び第二号の規定による保存期間に係る利用者証明用電子証明書失効情報ファイル

一　利用者証明検証者が次条、第五十一条第一項又は第五十三条第一項の規定に違反したとき。
二　利用者証明検証者から第五十一条第一項に規定する受領した利用者証明用電子証明書失効情報等の電子計算機処理等の委託（二以上の段階にわたる委託を含む。）を受けた者が同条第二項において準用する同条第一項の規定に違反したとき。
三　利用者証明検証者若しくはその役員若しくは職員又はこれらの者であった者が第五十五条第一項の規定に違反したとき。
四　利用者証明検証者から第五十一条第一項に規定する受領した利用者証明用電子証明書失効情報等の電子計算機処理等の委託（二以上の段階にわたる委託を含む。）を受けた者若しくはその役員若しくは職員又はこれらの者であった者が第五十五条第二項の規定に違反したとき。
五　第五十一条第一項に規定する受領した利用者証明用電子証明書失効情報等の電子計算機処理等に関する事務（利用者証明検証者の委託（二以上の段階にわたる委託を含む。）を受けて行うものを含む。）に従事し

（同項に規定する保存期間に係る利用者証明用電子証明書失効情報ファイルをいう。以下この条及び次条第一項において同じ。）の利用者証明検証者への提供は、次のいずれかの方法により行うものとする。
一　総務省令で定めるところにより、機構の使用に係る電子計算機から電気通信回線を通じて利用者証明検証者の使用に係る電子計算機に保存期間に係る利用者証明用電子証明書失効情報ファイルを送信する方法
二　総務省令で定めるところにより、機構から保存期間に係る利用者証明用電子証明書失効情報ファイルを記録した電磁的記録媒体を利用者証明検証者に送付する方法

（利用者証明用電子証明書失効情報等の提供の求めを終了する旨の届出等）

第二十五条の二　利用者証明検証者は、機構に対する保存期間に係る利用者証明用電子証明書失効情報又は保存期間に係る利用者証明用電子証明書失効情報ファイルの提供の求めを終了しようとするときは、あらかじめ、機構に対し、その旨及びこれらの提供の求めを終了しようとする日その他の総務省令

の提供は、電子計算機の操作によるものとし、電気通信回線を通じた送信又は電磁的記録媒体の送付の方法に関する技術的基準については、総務大臣が定める。

（利用者証明用電子証明書失効情報等の提供の求めを終了する旨の届出事項）

第六十四条の二　令第二十五条の二第一項に規定する総務省令で定める事項は、次に掲げるとおりとする。
一　氏名又は名称及び住所並びに法人にあっては、その代表者の氏名
二　保存期間に係る利用者証明用電子証明書失効情報等の提供の求めを終了しようとする日

ている者又は従事していた者が第五十七条第一項の規定に違反したとき。

六　利用者証明検証者が署名検証者等である場合において、第十八条第四項の規定により保存期間に係る署名用電子証明書失効情報、保存期間に係る署名用電子証明書失効情報ファイル又は対応証明書の発行の番号の提供を停止されたとき。

（利用者証明検証者の義務）

第三十八条　利用者証明検証者は、利用者証明利用者が当該利用者証明利用者

で定める事項の届出をしなければならない。

2　機構は、前項の届出を受けた場合において、当該届出をした法第十七条第一項第五号又は第六号に掲げる者が前項に規定する日後に署名利用者から通知された電子署名が行われた情報について当該署名利用者が当該電子署名を行ったことの確認及び利用者証明利用者が行った電子利用者証明について当該利用者証明利用者が当該電子利用者証明を行ったことの確認のいずれも行わないこととなるときは、速やかに、その旨を総務大臣に通知するものとする。

（受領した利用者証明用電子証明書失効情報等の消去）

第二十五条の三　前条第一項の届出をした者は、同項に規定する日以後、直ちに、受領した利用者証明用電子証明書失効情報等を消去しなければならない。

（利用者証明利用者本人が電子利用者証明を行ったことの確認のための措置）

第六十四条の三　法第三十八条第二項に規定する総務省令で定める措置は、第

の利用者証明利用者符号を用いて行った電子利用者証明に関して利用者証明用電子証明書の通知を受理したときは、当該利用者証明用電子証明書が第三十四条第一項の規定により効力を失っていないこと及び当該利用者証明用電子証明書に記録された利用者証明利用者検証符号に対応する利用者証明利用者符号を用いて当該電子利用者証明が行われたことを確認しなければならない。

2 利用者証明検証者は、前項の規定による確認を行うに当たり、利用者証明利用者本人が電子利用者証明を行ったことの確認を当該電子利用者証明に用いられた利用者証明利用者符号が当該利用者証明利用者のものであることを示すための措置として総務省令で定めるものを当該利用者証明利用者に求める方法により行わなければならない。

3 利用者証明検証者は、利用者証明利用者から通知された利用者証明用電子証明書に記録された利用者証明利用者検証符号を、当該利用者証明用電子証明書の通知に係る電子利用者証明が当該利用者証明利用者検証符号に対応する利用者証明利用者符号を用いて行われていることの確認以外の目的に利用してはならない。

四十二条第二項の規定により設定した暗証番号の入力とする。

（特定利用者証明検証者による利用者証明利用者本人が電子利用者証明を行ったことの確認）

第三十八条の二　利用者証明検証者は、前条第二項の規定にかかわらず、総務大臣の認可を受けて、利用者証明利用者本人が電子利用者証明を行ったことの確認を当該利用者証明利用者の個人番号カードに表示され、かつ、記録された当該利用者証明利用者の写真を用いる方法であって総務省令で定めるものにより行うことができる。

2　利用者証明検証者は、前項の認可を受けようとするときは、総務省令で定めるところにより、次に掲げる事項を記載した申請書に総務省令で定める書類を添付して、総務大臣に提出しなければならない。

一　氏名又は名称及び住所並びに法人にあっては、その代表者の氏名

二　申請に係る確認の実施に関する計画

三　申請に係る確認の業務の用に供する設備の概要

3　総務大臣は、第一項の認可の申請が次の各号のいずれにも適合していると認めるときは、同項の認可をしなければならない。

（法第三十八条の二第一項の認可に係る確認の業務の廃止の届出）

第二十五条の四　特定利用者証明検証者（法第三十八条の二第四項に規定する特定利用者証明検証者をいう。次条において同じ。）は、法第三十八条の二第一項の認可に係る確認の業務を廃止しようとするときは、あらかじめ、その旨及び当該確認の業務を廃止しようとする日その他の総務省令で定める事項を総務大臣に届け出なければならない。

（特定利用者証明検証者証明符号の消去）

第二十五条の五　特定利用者証明検証者は、法第三十八条の二第六項の規定により同条第一項の認可が取り消され、又は前条の規定による届出をし、当該認可に係る確認の業務を廃止したときは、直ちに、法第三十八条の三第一項に規定する特定利用者証明検証者証明符号を消去しなければならない。

（特定利用者証明検証者による利用者証明利用者本人が電子利用者証明を行ったことの確認）

第六十四条の四　法第三十八条の二第一項に規定する総務省令で定める方法は、次に掲げる方法とする。

一　電子利用者証明に用いられた利用者証明検証符号が記録された個人番号カードに表示され、かつ、記録された写真により識別される者と当該利用者証明利用者が同一の者であることを目視により確認する方法

二　電子利用者証明に用いられた利用者証明検証符号が記録された個人番号カードに表示され、かつ、記録された写真により識別される者と当該利用者証明利用者が同一の者であることを機器を用いて撮影された当該利用者証明利用者の画像と、当該個人番号カードに表示され、かつ、記録された当該利用者証明利用者の写真を照合することにより確認する方法（ただし、適切に照合ができなかったときは、前号又は前条に規定する方法により本人確認を行う場合に限る。）

（認可の申請）

一　申請に係る確認の実施に関する計画が適正なものであり、かつ、第一項の認可の申請を行う者が当該計画を確実に遂行することができること。
二　申請に係る確認の業務の用に供する設備が総務省令で定める基準に適合するものであること。
4　第一項の認可を受けた者（以下「特定利用者証明検証者」という。）は、第二項第二号又は第三号に掲げる事項の変更（総務省令で定める軽微な変更を除く。）をするときは、総務大臣の認可を受けなければならない。この場合においては、前二項の規定を準用する。
5　特定利用者証明検証者は、前項の総務省令で定める軽微な変更をしたときは、遅滞なく、その旨を総務大臣に届け出なければならない。
6　総務大臣は、次の各号のいずれかに該当するときは、第一項の認可を取り消すことができる。
一　特定利用者証明検証者が第三項各号のいずれかに適合しなくなったとき。
二　特定利用者証明検証者が第四項の規定に違反したとき。
三　電子署名及び認証業務に関する法

第六十四条の五　法第三十八条の二第二項第二号に規定する計画には、次に掲げる事項を記載するものとする。
一　認可を受けて行おうとする確認に係るサービスの内容
二　認可を受けて行おうとする確認の実施体制に関する次に掲げる事項
イ　確認に関する事務の手順
ロ　確認に関する事務に従事する者の責任及び権限並びに指揮命令系統
ハ　確認に関する事務の一部又は全部を他に委託する場合においては、受託者の名称、住所及び代表者の氏名、委託を行う確認に関する事務の範囲及び内容並びに受託者による当該確認の実施の状況を管理する方法その他の当該確認の適切な実施を確保するための方法
ニ　行政庁が行う確認に関する事務の一部又は全部を法令の規定に基づき行わせることとした者（その者の委託を受けて行うものを含む。）がある場合においては、その者の名称、住所及び代表者の氏名、行わせる事務の範囲及び内容並びにその者による当該確認の実施の状況を管理する方法その他の

律第七条第一項又は第十四条第一項の規定により特定利用者証明検証者に係る同法第四条第一項の認定がその効力を失い、又は取り消されたとき。

四 第十七条第二項又は第三項の規定により特定利用者証明検証者に係る同条第一項第五号又は第六号の認定がその効力を失い、又は取り消されたとき。

五 特定利用者証明検証者が第五十一条第三項又は第五十三条第二項の規定に違反したとき。

六 特定利用者証明検証者から次条第一項に規定する特定利用者証明検証者証明符号の電子計算機処理等の委託（二以上の段階にわたる委託を含む。）を受けた者が第五十一条第四項において準用する同条第三項の規定に違反したとき。

七 特定利用者証明検証者若しくはその役員若しくは職員又はこれらの者であった者が第五十五条第三項において準用する同条第一項の規定に違反したとき。

八 特定利用者証明検証者から次条第一項に規定する特定利用者証明検証者証明符号の電子計算機処理等の委

当該確認の適切な実施を確保するための方法

ホ 確認に関する事務の監査に関する事項

ヘ 確認に関する事務に係る技術に関し充分な知識及び経験を有する者の配置

ト 確認の実施に際し知り得た情報の漏えい及び目的外利用の防止並びに確認に関する事務に係る帳簿書類の記載内容の漏えい、滅失又は毀損の防止のために必要な措置

チ 危機管理に関する事項

2 法第三十八条の二第二項に規定する総務省令で定める書類は、次に掲げるとおりとする。

一 定款及び登記事項証明書又はこれらに準ずるもの

二 法第三十八条の二第三項各号に掲げる認可の基準に適合していることを説明した書類

（確認の業務の用に供する設備の基準）

第六十四条の六 法第三十八条の二第三項第二号に規定する総務省令で定める基準は、次に掲げるとおりとする。

一 法第三十八条の二第一項の規定による総務大臣の認可を受けようとす

託（二以上の段階にわたる委託を含む。）を受けた者若しくはその役員若しくは職員又はこれらの者であった者が第五十五条第三項において準用する同条第二項の規定に違反したとき。

九 次条第一項に規定する特定利用者証明検証者証明符号の電子計算機処理等に関する事務（特定利用者証明検証者の委託（二以上の段階にわたる委託を含む。）を受けて行うものを含む。）に従事している者又は従事していた者が第五十七条第二項において準用する同条第一項の規定に違反したとき。

十 第一項の規定により認可を受けて行う確認に関する事務（特定利用者証明検証者の委託（二以上の段階にわたる委託を含む。）を受けて行うものを含む。）に従事している者又は従事していた者が第五十七条第三項の規定に違反したとき。

る者（第六号において「認可申請者」という。）が認可を受けて行う確認の業務の用に供する設備のうち、特定利用者証明検証者証明符号の電子計算機処理又は管理に用いる設備（以下この条及び第八十二条第七号において「特定利用者証明検証者証明符号電子計算機処理等設備」という。）は、入出場を管理するために必要な措置が講じられている場所に設置されていること。

二 特定利用者証明検証者証明符号電子計算機処理等設備は、電気通信回線を通じた不正なアクセス等を防止するために必要な措置が講じられていること。

三 特定利用者証明検証者証明符号電子計算機処理等設備は、正当な権限を有しない者によって作動させられることを防止するための措置が講じられ、かつ、当該特定利用者証明検証者証明符号電子計算機処理等設備の動作を記録する機能を有していること。

四 特定利用者証明検証者証明符号電子計算機処理等設備のうち特定利用者証明検証者証明符号を管理するシステムに係る設備は、外部からの読み取りを防止するために必要な機能を有していること。
五　特定利用者証明検証者証明符号電子計算機処理等設備及び第一号の措置を講じるために必要な装置は、停電、地震、火災及び水害その他の災害の被害を容易に受けないように必要な措置が講じられていること。
六　認可申請者が認可を受けて行う確認の業務の用に供する設備のうち第六十四条の四第二号に規定する方法により利用者証明利用者本人が電子利用者証明を行ったことの確認に関する事務を実施する際に用いる設備（次号において「確認事務実施設備」という。）は、当該確認を適切に行うために必要な性能を有していること。
七　確認事務実施設備は、明るさが確保された場所その他の性能に支障が生じないために必要な措置が講じられている場所に設置されていること。

（軽微な変更）
第六十四条の七　法第三十八条の二第四項に規定する総務省令で定める軽微な変更は、次に掲げるとおりとする。
一　法第三十八条の二第二項第二号に

掲げる事項の実質的な変更を伴わないもの

二　同一室内における既設の設備と同等以上の性能を有する設備への変更及びその増設

（情報の漏えい防止等のために必要な措置）

第三十二条の二　規則第六十四条の五条第二号トに規定する必要な措置には、次の各号に掲げる措置を含むものとする。

一　確認に関する事務を行うに当たっては、個人情報の保護に関する法律その他の法令を遵守すること。

二　確認の実施に際し知り得た情報の漏えいの防止及び漏えいのおそれがある場合の対応のための体制等を適切に定め、かつ、適切に周知を実施すること。

（特定利用者証明検証者証明符号管理室への入出場を管理するために必要な措置）

第三十二条の三　規則第六十四条の六第一号に規定する入出場を管理するために必要な措置は、次の各号に定める要件を満たすものをいうものとする。

一　特定利用者証明検証者証明符号管理室（特定利用者証明検証者証明符号電子計算機処理等設備が設置された室をいう。以下この条及び第三十二条の五において同じ。）に入退室する者に鍵を貸与する際に、その者が入室する権限を有することを確認すること、入退室管理カードにより特定利用者証明検証者証明符号管理室に入退室する者が入室する権限を有することを確認すること等により、入退室の管理を適切に行うこと。

二　特定利用者証明検証者証明符号管理室の鍵又は入退室管理カードの管理方法を定めること。

（特定利用者証明検証者証明符号電子計算機処理等設備への不正なアクセス等を防止するために必要な措置）

第三十二条の四　規則第六十四条の六第二号に規定する電気通信回線を通じた不正なアクセス等を防止するために必要な措置は、次の各号に掲げるものをいうものとする。

一　特定利用者証明検証者証明符号電子計算機処理等設備が電気通信回線に接続している場合においては、特定利用者証明検証者証明符号電子計算機処理等設備に対する当該電気通信回線を通じて行われる不正なアクセス等を防御するためのファイアウォールを備えること。
二 特定利用者証明検証者証明符号電子計算機処理等設備が二以上の部分から構成され、かつ、異なる場所に設置される場合において、相互の通信が必要となるときは、通信相手相互の認証を行うとともに、データの暗号化を行うこと。

（正当な権限を有しない者による特定利用者証明検証者証明符号電子計算機処理等設備の作動を防止するための措置等）

第三十二条の五 規則第六十四条の六第三号に規定する正当な権限を有しない者によって作動させられることを防止するための措置は、次の各号に掲げる要件を満たすものをいうものとする。
一 特定利用者証明検証者証明符号電子計算機処理等設備を操作者によって作動させる場合においては、各操作者に対する権限の設定並びに当該操作者及びその権限が確認できること。
二 特定利用者証明検証者証明符号電

子計算機処理等設備を自動的に作動させる場合においては、利用者証明利用者から通知される情報を電気通信回線を通じて受信するために用いられる電子計算機の設置、当該電子計算機から電気通信回線を通じて送信された利用者証明利用者から通知される情報を識別する機能の設定及び利用者証明利用者から通知される情報の確認ができること。

2　特定利用者証明検証者証明符号電子計算機処理等設備の動作を記録する機能とは、次の各号に掲げるものをいうものとする。

一　各動作の要求者名（操作者によって作動させる場合に限る。）、内容、発生日時、結果等を履歴として記録する機能

二　特定の操作者による操作の履歴のみを表示することができる機能（操作者によって作動させる場合に限る。）

（特定利用者証明検証者証明符号電子計算機処理等設備等の災害を防止するために必要な措置）

第三十二条の六　規則第六十四条の六第五号に規定する停電、地震、火災及び

水害その他の災害の被害を容易に受けないように業務の重要度に応じて必要な措置は、次の各号に掲げる区分に応じ、当該各号に定める要件を満たすものをいうものとする。
一 特定利用者証明検証者証明符号電子計算機処理等設備 通常想定される規模の地震による転倒及び構成部品の脱落等を防止するための構成部品の固定その他の耐震措置が講じられていること。
二 特定利用者証明検証者証明符号管理室 次に掲げる要件を満たすこと。
イ 水害の防止のための措置が講じられていること。
ロ 隔壁により区画されていること。
ハ 自動火災報知器及び消火装置が設置されていること。
ニ 防火区画内に設置されていること。
ホ 室内において使用される電源設備について停電に対する措置が講じられていること。
三 特定利用者証明検証者証明符号管理室を設置する建築物 次に掲げる要件を満たすこと。
イ 建築されている土地の地盤が地震被害のおそれの少ないものであ

ること。ただし、やむを得ない場合であって、不同沈下を防止する措置を講ずる場合は、この限りでない。

ロ　地震に対する安全性に係る建築基準法又はこれに基づく命令若しくは条例の規定に適合する建築物であること。

ハ　建築基準法に規定する耐火建築物又は準耐火建築物であること。

（利用者証明利用者本人が電子利用者証明を行ったことの確認を適切に行うために必要な性能）

第三十二条の七　規則第六十四条の六第六号に規定する利用者証明利用者本人が電子利用者証明を行ったことの確認を適切に行うために必要な性能とは、次に掲げるとおりとする。

一　他人を個人番号カードに表示され、かつ、記録された写真により識別される者と同一の者であると誤認するおそれの少ないものであること。

二　個人番号カードに表示され、かつ、記録された写真から識別される者と照合するために必要な画質を有した本人の画像を撮影することができること。

（特定利用者証明検証者証明符号）

第三十八条の三　特定利用者証明検証者は、機構に対し、特定利用者証明検証者であることを示す符号（以下「特定利用者証明検証者証明符号」という。）の提供を求めることができる。

2　機構は、特定利用者証明検証者から前項の求めがあったときは、総務省令で定めるところにより、特定利用者証明検証者証明符号の提供を行うものとする。

3　機構及び特定利用者証明検証者は、前項の規定により機構が特定利用者証明検証者証明符号の提供を行うに当たって合意しておくべきものとして総務省令で定める事項について、あらかじめ、取決めを締結しなければならない。

（特定利用者証明検証者証明符号の提供の方法）

第六十四条の八　法第三十八条の三第二項の規定による特定利用者証明検証者証明符号の提供は、機構から特定利用者証明検証者証明符号を記録した電磁的記録媒体を特定利用者証明検証者に送付する方法により行うものとし、電磁的記録媒体の送付の方法に関する技術的基準については、総務大臣が定める。

（特定利用者証明検証者証明符号の提供の方法）

第三十二条の八　特定利用者証明検証者証明符号の提供を行うときは、機構は、次に掲げる措置を講じるものとする。

一　特定利用者証明検証者証明符号を暗号化して電磁的記録媒体に出力すること。

二　特定利用者証明検証者に対し、電磁的記録媒体の速やかな返却、電磁的記録媒体に記録した符号の使用後の速やかな消去等を行わせる等、当該符号の利用を認可を受けて行う確認の業務に限定するための措置を講じること。

三　電磁的記録媒体の受渡しを特定利

用者証明検証者との間で行う場合には、盗難及び紛失の防止のための措置を講じる等、その取扱いについて十分に注意すること。

四　特定利用者証明検証者に対し、暗号化された特定利用者証明検証者証明符号の復号を、外部からの読み取りを防止するために必要な機能を有する装置内において行わせること。

（保存期間に係る署名用電子証明書失効情報の提供の方法）

第三十三条　令第十三条第一号の規定により電気通信回線を通じて保存期間に係る署名用電子証明書失効情報を提供する方法は、署名検証者等からの問い合わせに対して保存期間に係る署名用電子証明書失効情報の集合物を提供する方法又は即時に応答する方法によるものとする。

2　令第十三条第一号の規定により電気通信回線を通じて保存期間に係る署名用電子証明書失効情報を提供する場合において、機構は、保存期間に係る署名用電子証明書失効情報の提供を行うための機構の使用に係る電子計算機についての適切なアクセス制御を行わなければならない。

（対応証明書の発行の番号の提供の方法）

第三十四条　令第十五条第一号の規定により電気通信回線を通じて対応証明書の発行の番号を提供する方法は、署名検証者等からの問い合わせに対して即時に応答する方法によるものとする。

2　令第十五条第一号の規定により電気通信回線を通じて対応証明書の発行の番号を提供する場合において、機構は、対応証明書の発行の番号の提供を行うための機構の使用に係る電子計算機について適切なアクセス制御を行わなければならない。

（団体署名検証者が行う署名確認者への回答の方法）

第三十五条　令第十六条の規定による回答は、署名確認者からの問い合わせに対して即時に応答する方法によるものとする。

2　令第十六条の規定による回答を行う場合において、団体署名検証者は、回答を行うための団体署名検証者の使用に係る電子計算機について適切なアクセス制御を行わなければならない。

（保存期間に係る利用者証明用電子証

（明書失効情報の提供の方法）

第三十六条 令第二十四条第一号の規定により電気通信回線を通じて保存期間に係る利用者証明用電子証明書失効情報を提供する方法は、利用者証明検証者からの問い合わせに対して保存期間に係る利用者証明用電子証明書失効情報の集合物を提供する方法又は即時に応答する方法によるものとする。

2 令第二十四条第一号の規定により電気通信回線を通じて保存期間に係る利用者証明用電子証明書失効情報を提供する場合において、機構は、保存期間に係る利用者証明用電子証明書失効情報の提供を行うための機構の使用に係る電子計算機について適切なアクセス制御を行わなければならない。

（委任市町村長と機構との間の情報の送受信等）

第三十七条 規則第六十六条第二項に規定する電気通信回線は、住民基本台帳ネットワークシステムその他の電気通信回線であって総務大臣が適当と認めるものでなければならない。

2 規則第六十六条第一項の規定による同項各号に掲げる事項の通知を同条第二項の規定により電気通信回線を通じ

て送信するときは、当該事項を暗号化しなければならない。

3 委任市町村長は、規則第六十六条第一項の規定による同項各号に掲げる事項の通知を同条第二項の規定により磁気ディスクを送付することによって行うときは、委任市町村長は、次に掲げる措置を講じるものとする。

一 当該事項を暗号化して磁気ディスクに出力すること。

二 機構に対し、磁気ディスクの使用後の速やかな返却、磁気ディスクに記録したデータの使用後の速やかな消去等を行わせる等、当該データの利用を規則第六十五条第一項の認証業務関連事務に限定するための措置を講じること。

三 磁気ディスクの受渡しを機構との間で行う場合には、盗難及び紛失の防止のための措置を講じる等、その取扱いについて十分に注意すること。

（相互認証）

第三十八条 機構は、国又は地方公共団体が実施する認証業務のうち総務大臣が適当と認めるものと相互認証を行わなければならない。

（認証業務実施設備等）

第三十九条 機構は、認証業務の用に供するため、認証業務実施設備その他総務大臣が必要と認める設備を備えなければならない。

（確認の業務の廃止の届出事項）

第六十四条の九 令第二十五条の四に規定する総務省令で定める事項は、次に掲げるとおりとする。

一 氏名又は名称及び住所並びに法人にあっては、その代表者の氏名

二 廃止しようとする日

（機構と特定利用者証明検証者との間での取決めの内容）

第六十四条の十 法第三十八条の三第三項に規定する総務省令で定める事項は、次に掲げるとおりとする。

一 特定利用者証明検証者証明符号の提供の具体的な方法

二 特定利用者証明検証者証明符号の提供の周期

三 損害賠償に関する事項

四 その他総務大臣が必要と認める事項

第三節　認証業務関連事務の委任

（認証業務関連事務の委任）

第六十五条　市町村長（特別区の区長を含む。次項において同じ。）は、機構に、行政手続における特定の個人を識別するための番号の利用等に関する法律に規定する個人番号、個人番号カード、特定個人情報の提供等に関する省令（平成二十六年総務省令第八十五号）第三十五条第一項に規定する個人番号通知書・個人番号カード関連事務と併せて、法第二条第三項に規定する認証業務のうち次に掲げる事務（以下「認証業務関連事務」という。）を行わせることができる。

一　法第三条第二項に規定する申請者又は法第二十二条第二項に規定する申請者が併せて個人番号カードの交付を申請する場合における次に掲げる事務

イ　法第三条第二項に規定する申請書及び法第二十二条第二項に規定する申請書（以下この号及び次条第一項第一号において「署名用電子証明書等発行申請書」という。）の用紙及びこれらに関連する印刷物の作成及び発送（受取人の住所及び居所が明らかでないことその他の理由により返送されたものの再度の発送を除く。）
ロ　署名用電子証明書等発行申請書の受付及び保存
ハ　次に掲げる事務に係る電子計算機の設置、管理及び運用
(1)　法第三条第四項の規定による署名利用者符号及び署名利用者検証符号の個人番号カードへの記録
(2)　法第三条第七項の規定による署名用電子証明書の個人番号カードへの記録
(3)　法第二十二条第四項の規定による利用者証明利用者符号及び利用者証明利用者検証符号の個人番号カードへの記録
(4)　法第二十二条第七項の規定による利用者証明用電子証明書の個人番号カードへの記録
ニ　署名用電子証明書発行通知書（法第三条第七項の規定により個人番号カードに記録した署名用電子証明書を申請者に提供するため、住所地市町村長が当該申請者に対して当該市町村（特別区を含む。

以下この条及び第六十七条第一項において同じ。）の事務所への出頭を求める旨を記載した通知書をいう。次条第一項第一号において同じ。）及び利用者証明用電子証明書発行通知書（法第二十二条第七項の規定により個人番号カードに記録した利用者証明用電子証明書を申請者に提供するため、住所地市町村長が当該申請者に対して当該市町村の事務所への出頭を求める旨を記載した通知書をいう。同号において同じ。）の作成

二　次に掲げる事務に係る電子計算機の設置、管理及び運用

イ　法第三条第四項の規定による署名利用者符号及びこれと対応する署名利用者検証符号の作成

ロ　法第二十二条第四項の規定による利用者証明利用者符号及びこれと対応する利用者証明利用者検証符号の作成

三　電話による署名用電子証明書又は利用者証明用電子証明書の利用を一時停止する旨の届出の受付

四　署名用電子証明書及び利用者証明用電子証明書に係る住民からの問合せへの対応

2　委任市町村長（前項の規定により機構に認証業務関連事務を行わせることとした市町村長をいう。以下同じ。）は、認証業務関連事務（同項第四号に掲げる事務を除く。）を行わないものとする。

3　委任市町村長は、第一項の規定により機構に認証業務関連事務を行わせることとした日を公示しなければならない。

（認証業務関連事務に係る通知）

第六十六条　委任市町村長は、次に掲げる事項について、機構に通知するものとする。

一　署名用電子証明書等発行申請書の用紙並びに署名用電子証明書発行通知書及び利用者証明用電子証明書発行通知書に記載すべき事項

二　署名用電子証明書発行通知書及び利用者証明用電子証明書発行通知書の発送先の住所等

三　前号に掲げる事項のほか、認証業務関連事務を実施するために必要な事項

2　前項の規定による通知は、電子計算機の操作により、委任市町村長の使用に係る電子計算機から電気通信回線を

通じて機構の使用に係る電子計算機に送信すること又は同項各号に掲げる事項の全部若しくは一部を記録した磁気ディスクを機構に送付することによって行うものとし、電気通信回線を通じた送信又は磁気ディスクの送付の方法に関する技術的基準については、総務大臣が定める。

（交付金）

第六十七条　委任市町村長の統括する市町村は、機構に対して、当該委任市町村長が行わせることとした認証業務関連事務に要する費用に相当する金額を交付金として交付するものとする。

2　前項の交付金の額については、機構が定款で定めるところにより定める。

（認証業務関連事務の委任の解除）

第六十八条　委任市町村長は、機構に認証業務関連事務を行わせないこととするときは、その三月前までに、その旨を機構に通知しなければならない。

2　委任市町村長は、機構に認証業務関連事務を行わせないこととしたときは、その日を公示しなければならない。

（委任市町村長による認証業務関連事

第三節　認証事務管理規程等

（認証事務管理規程）

務の実施等）

第六十九条　委任市町村長は、機構が天災その他の事由により認証業務関連事務の全部又は一部を実施することが困難となった場合には、第六十五条第二項の規定にかかわらず、当該認証業務関連事務の全部又は一部を行うものとする。

2　委任市町村長は、前項の規定により認証業務関連事務の全部又は一部を行うときは、その旨を公示しなければならない。

3　第一項の規定により委任市町村長が認証業務関連事務を行うこととなった場合には、機構は、次に掲げる事項を行わなければならない。

一　引き継ぐべき認証業務関連事務を委任市町村長に引き継ぐこと。

二　引き継ぐべき認証業務関連事務に関する帳簿、書類、資材及び磁気ディスクを委任市町村長に引き渡すこと。

三　その他委任市町村長が必要と認める事項を行うこと。

第四節　認証事務管理規程等

（認証事務管理規程の記載事項）

第三十九条 機構は、この法律の規定により機構が行う認証業務の実施に関する事務（以下「認証事務」という。）に関し総務省令で定める事項について認証事務管理規程を定め、総務大臣の認可を受けなければならない。これを変更しようとするときも、同様とする。

2 総務大臣は、前項の規定により認可をした認証事務管理規程が認証事務の適正かつ確実な実施上不適当となったと認めるときは、機構に対し、これを変更すべきことを命ずることができる。

第七十条 法第三十九条第一項に規定する総務省令で定める事項は、次に掲げる事項とする。

一 認証事務の適正な実施に関する職員の意識の啓発及び教育に関する事項

二 認証事務の実施に係る事務を統括管理する者に関する事項

三 認証業務情報の消去を適切に実施するための必要な措置に関する事項

四 認証業務情報の漏えい、滅失及び毀損を防止するための措置に関する事項

五 認証事務に関する帳簿、書類、資料及び電磁的記録媒体の保存に関する事項

六 認証事務に関して知り得た秘密の保持に関する事項

七 認証事務の実施に係る電子計算機及び端末装置を設置する場所の入出場の管理その他これらの施設への不正なアクセスを予防するための措置に関する事項

八 認証事務の実施に係る電子計算機及び端末装置が不正に操作された疑いがある場合における調査その他不正な操作に対する必要な措置に関する事項

（帳簿の備付け）

第四十条　機構は、総務省令で定めるところにより、認証事務に関する事項で総務省令で定めるものを記載した帳簿を備え、保存しなければならない。

九　認証事務の実施に係る監査に関する事項

十　前各号に掲げるもののほか、認証事務の適切な実施を図るための必要な措置に関する事項

2　機構は、法第三十九条第一項前段の規定による認可を受けようとするときは、その旨を記載した申請書に認証事務管理規程を添えて総務大臣に提出しなければならない。

3　機構は、法第三十九条第一項後段の規定による変更の認可を受けようとするときは、次に掲げる事項を記載した申請書を総務大臣に提出しなければならない。

一　変更しようとする事項

二　変更しようとする年月日

三　変更の理由

（帳簿の記載事項等）

第七十一条　法第四十条に規定する総務省令で定めるものは、次に掲げるものとする。

一　署名用電子証明書及び利用者証明用電子証明書の発行件数

二　署名用電子証明書失効情報等、対応証明書の発行の番号、利用者証明用電子証明書失効情報等及び特定利

（報告書の公表）

第四十一条 機構は、毎年少なくとも一回、第十八条第一項から第三項までの規定による保存期間に係る署名用電子証明書失効情報、保存期間に係る署名用電子証明書失効情報ファイル及び対応証明書の発行の番号の提供の状況並びに第三十七条第一項及び第二項の規

用者証明検証者証明符号の提供先

三 署名用電子証明書失効情報等、対応証明書の発行の番号、利用者証明用電子証明書失効情報等及び特定利用者証明検証者証明符号の提供を行った年月日

四 提供を行った署名用電子証明書失効情報等、対応証明書の発行の番号、利用者証明用電子証明書失効情報等及び特定利用者証明検証者証明符号の件数

五 署名用電子証明書失効情報等、対応証明書の発行の番号、利用者証明用電子証明書失効情報等及び特定利用者証明検証者証明符号の提供の方法

六 その他総務大臣が定める事項

（署名用電子証明書失効情報等の提供の状況についての報告書の作成及び公表）

第七十二条 法第四十一条の規定による報告書の作成は、次に掲げる事項について報告書を作成することによって行うものとする。

一 署名用電子証明書失効情報等、対応証明書の発行の番号、利用者証明用電子証明書失効情報等及び特定利

定による保存期間に係る利用者証明用電子証明書失効情報及び保存期間に係る利用者証明用電子証明書失効情報ファイル並びに特定利用者証明検証者証明符号の提供の状況について、総務省令で定めるところにより、報告書を作成し、これを公表するものとする。

（監督命令）

第四十二条　総務大臣は、認証事務の適正な実施を確保するため必要があると認めるときは、機構に対し、認証事務の実施に関し監督上必要な命令をすることができる。

（報告及び立入検査）

第四十三条　総務大臣は、認証事務の適正な実施を確保するため必要があると認めるときは、機構に対し、認証事務の実施の状況に関し必要な報告を求め、又はその職員に、機構の事務所に立ち入り、認証事務の実施の状況若しくは設備、帳簿、書類その他の物件を検査させ、若しくは関係者に質問させることができる。

2　前項の規定により立入検査をする職員は、その身分を示す証明書を携帯し、関係人の請求があったときは、これを

用者証明検証者証明符号の提供先

二　署名用電子証明書失効情報等、対応証明書の発行の番号及び利用者証明用電子証明書失効情報等の提供を行った年月

三　提供を行った署名用電子証明書失効情報等、対応証明書の発行の番号及び利用者証明用電子証明書失効情報等の件数

四　署名用電子証明書失効情報等、対応証明書の発行の番号及び利用者証明用電子証明書失効情報等の提供の方法

2　法第四十一条の規定による報告書の公表は、次に掲げる方法によるものとする。

一　当該報告書を機構の事務所に備えて置き、五年間、一般の閲覧に供する方法

二　インターネットの利用その他の方法

（認証業務の用に供する設備の基準）

第七十三条　機構が認証業務の用に供する設備の基準は、次に掲げるとおりとする。

一　署名用電子証明書、利用者証明用電子証明書及び特定利用者証明検証

提示しなければならない。

3　第一項の規定による立入検査の権限は、犯罪捜査のために認められたものと解釈してはならない。

第三章　認証業務情報等の保護

（認証業務情報の安全確保）

第四十四条　機構が署名用電子証明書発行記録、署名用電子証明書失効情報及び署名用電子証明書失効情報ファイル並びに利用者証明用電子証明書発行記録、利用者証明用電子証明書失効情報及び利用者証明用電子証明書失効情報ファイル並びに特定利用者証明検証者証明符号（以下「認証業務情報」という。）の電子計算機処理等を行うに当たっては、機構は、当該認証業務情報の漏えい、滅失及び毀損の防止その他の当該認証業務情報の適切な管理のために必要な措置を講じなければならない。

2　前項の規定は、機構から認証業務情報の電子計算機処理等の委託（二以上の段階にわたる委託を含む。）を受けた者が受託した業務を行う場合について準用する。

者証明符号の発行に用いる電子計算機その他の設備（以下この条及び次条第二号において「認証業務実施設備」という。）は、入出場を管理するために業務の重要度に応じて必要な措置が講じられている場所に設置されていること。

二　認証業務実施設備は、電気通信回線を通じた不正なアクセス等を防止するために必要な措置が講じられていること。

三　認証業務実施設備は、正当な権限を有しない者によって作動させられることを防止するための措置が講じられ、かつ、当該認証業務実施設備の動作を記録する機能を有していること。

四　認証業務実施設備のうち署名用電子証明書発行者署名符号、利用者証明用電子証明書発行者署名符号又は特定利用者証明検証者証明符号を作成し、又は管理する電子計算機は、当該署名用電子証明書発行者署名符号、当該利用者証明用電子証明書発行者署名符号又は当該特定利用者証明検証者証明符号の漏えいを防止するために必要な機能を有する専用の電子計算機であること。

（認証業務情報の利用及び提供の制限）

第四十五条 機構は、次に掲げる場合を除き、認証業務情報を利用し、又は提供してはならない。

一 第十一条から第十四条までの規定による署名用電子証明書失効情報の記録のために署名用電子証明書発行記録を利用する場合

二 第十八条第一項の規定により保存期間に係る署名用電子証明書失効情報を提供する場合

三 第十八条第二項の規定により保存期間に係る署名用電子証明書失効情報ファイルを提供する場合

四 第十八条第三項の規定による対応証明書の発行の番号の提供のために署名用電子証明書発行記録及び利用者証明用電子証明書発行記録を利用する場合

五 第三十条から第三十三条までの規定による利用者証明用電子証明書失効情報の記録のために利用者証明用電子証明書発行記録を利用する場合

六 第三十七条第一項の規定により保存期間に係る利用者証明用電子証明書失効情報を提供する場合

七 第三十七条第二項の規定により保存期間に係る利用者証明用電子証明

五 認証業務実施設備及び第一号の措置を講じるために必要な装置は、停電、地震、火災及び水害その他の災害の被害を容易に受けないように業務の重要度に応じて必要な措置が講じられていること。

（認証業務の実施の方法）

第七十四条 機構が行う認証業務の実施の方法は、次に掲げるとおりとする。

一 署名検証者等が署名用電子証明書の発行者である機構を確認するために用いる符号、利用者証明検証者が利用者証明用電子証明書の発行者である機構を確認するために用いる符号その他必要な情報を容易に入手することができるようにすること。

二 認証業務実施設備により行われる業務の重要度に応じて、当該認証業務実施設備が設置された室への立入り及びその操作に関する許諾並びに当該許諾に係る識別符号の管理が適切に行われていること。

三 複数の者による署名用電子証明書発行者署名符号、利用者証明用電子証明書発行者署名符号及び特定利用者証明検証者証明符号の作成及び管理その他当該署名用電子証明書発行

書失効情報ファイルを提供する場合

八　認証業務情報の利用につき当該認証業務情報に係る本人が同意した事務を機構が遂行する場合

九　第三十八条の三第二項の規定により特定利用者証明検証者証明符号を提供する場合

（認証業務に関する情報の適正な使用）

第四十六条　機構及び市町村長は、認証業務及びこれに附帯する業務の実施に際して知り得た情報を認証業務及びこれに附帯する業務の用に供する目的以外の目的に使用してはならない。

（機構の役職員等の秘密保持義務）

第四十七条　署名用電子証明書若しくは利用者証明用電子証明書の発行に係る電子計算機処理等に関する事務又は認証業務情報の電子計算機処理等に関する事務に従事する機構の役員若しくは職員（地方公共団体情報システム機構法（平成二十五年法律第二十九号）第二十六条第一項に規定する認証業務情報保護委員会の委員を含む。）又はこれらの職にあった者は、その事務に関して知り得た署名用電子証明書若しくは利用者証明用電子証明書の発行若し

者署名符号、利用者証明用電子証明書発行者署名符号及び特定利用者証明検証者証明符号の漏えいを防止するために必要な措置が講じられていること。

（認証業務実施設備への入出場を管理するために必要な措置）

第四十条　規則第七十三条第一号に規定する入出場を管理するために業務の重要度に応じて必要な措置は、認証業務実施設備室（認証業務実施設備が設置された室をいう。以下同じ。）が次の各号に定める要件を満たすものをいうものとする。

一　入室する二以上の者の身体的特徴の識別によって入室が可能となること。

二　入室者の数と同数の者の退室を管理すること。

三　入室のための装置の操作に不正常な時間を要した場合においては、警報が発せられること。

四　入室者及び退室者並びに在室者を自動的かつ継続的に監視し、及び記録するための遠隔監視装置及び映像記録装置が設置されていること。

くは認証業務情報に関する秘密又は署名用電子証明書若しくは利用者証明用電子証明書の発行に係る電子計算機処理等若しくは認証業務情報の電子計算機処理等に関する秘密を漏らしてはならない。

2　機構から署名用電子証明書若しくは利用者証明用電子証明書の発行に係る電子計算機処理等若しくは認証業務情報の電子計算機処理等の委託（二以上の段階にわたる委託を含む。）を受けた者若しくはその役員若しくは職員又はこれらの者であった者は、その委託された業務に関して知り得た署名用電子証明書若しくは利用者証明用電子証明書の発行若しくは認証業務情報に関する秘密又は署名用電子証明書若しくは利用者証明用電子証明書の発行に係る電子計算機処理等若しくは認証業務情報の電子計算機処理等に関する秘密を漏らしてはならない。

（市町村の職員等の秘密保持義務）

第四十八条　署名用電子証明書又は利用者証明用電子証明書の提供に係る電子計算機処理等に関する事務に従事する市町村の職員又は職員であった者は、その事務に関して知り得た署名用電子

（認証業務実施設備への不正なアクセス等を防止するために必要な措置）

第四十一条　規則第七十三条第二号に規定する電気通信回線を通じた不正なアクセス等を防止するために必要な措置は、次の各号に掲げるものをいうものとする。

一　認証業務実施設備に対する当該電気通信回線を通じて行われる不正なアクセス等を防御するためのファイアウォール及び不正なアクセス等を検知するシステムを備えること。

二　認証業務実施設備が二以上の部分から構成される場合においては、一の部分から他の部分への通信に関し、送信をした設備の誤認並びに通信内容の盗聴及び改変を防止する措置

（正当な権限を有しない者による認証業務実施設備の作動を防止するための措置等）

第四十二条　規則第七十三条第三号に規定する正当な権限を有しない者によって作動させられることを防止するための措置は、次の各号に掲げる要件を満たすものをいうものとする。

一　認証業務実施設備を作動させる権限を操作者ごとに設定することがで

証明書又は利用者証明用電子証明書の提供に係る電子計算機処理等に関する秘密を漏らしてはならない。

2 市町村長から署名用電子証明書若しくは利用者証明用電子証明書の提供に係る電子計算機処理等の委託（二以上の段階にわたる委託を含む。）を受けた者若しくはその役員若しくは職員又はこれらの者であった者は、その委託された業務に関して知り得た署名用電子証明書又は利用者証明用電子証明書の提供に係る電子計算機処理等に関する秘密を漏らしてはならない。

（認証業務情報等に係る電子計算機処理等の受託者等の義務）

第四十九条 機構の委託（二以上の段階にわたる委託を含む。）を受けて行う署名用電子証明書若しくは利用者証明用電子証明書の発行に係る電子計算機処理等又は認証業務情報の電子計算機処理等に関する事務に従事している者又は従事していた者は、その事務に関して知り得た事項をみだりに他人に知らせ、又は不当な目的に使用してはならない。

2 市町村長の委託（二以上の段階にわたる委託を含む。）を受けて行う署名

きること。

二 認証業務実施設備を作動させるに当たっては、操作者及びその権限の確認を行うことができること。

三 電気通信回線経由の遠隔操作が不可能であるように設定されていること。ただし、署名用電子証明書及び利用者証明用電子証明書の発行及び失効の要求その他の署名用電子証明書及び利用者証明用電子証明書の管理に必要な電子計算機の操作については、この限りでない。

四 認証業務実施設備の所在を示す掲示がされていないこと。

2 規則第七十三条第三号に規定する認証業務実施設備の動作を記録する機能とは、次の各号に掲げるものをいうものとする。

一 各動作の要求者名、内容、発生日時、結果等を履歴として記録する機能

二 特定の操作者による操作の履歴のみを表示することができる機能

（認証業務実施設備等の災害を防止するために必要な措置）

第四十三条 規則第七十三条第五号に規定する停電、地震、火災及び水害その

用電子証明書又は利用者証明用電子証明書の提供に係る電子計算機処理等に関する事務に従事している者又は従事していた者は、その事務に関して知り得た事項をみだりに他人に知らせ、又は不当な目的に使用してはならない。

（署名検証者等による受領した署名用電子証明書失効情報等の安全確保等）

第五十条　第十八条第一項から第三項までの規定により保存期間に係る署名用電子証明書失効情報、保存期間に係る署名用電子証明書失効情報ファイル又は対応証明書の発行の番号の提供を受けた署名検証者等がこれらの規定により提供を受けた保存期間に係る署名用電子証明書失効情報、保存期間に係る署名用電子証明書失効情報ファイル又は対応証明書の発行の番号（以下「受領した署名用電子証明書失効情報等」という。）の電子計算機処理等を行うに当たっては、当該署名検証者等は、受領した署名用電子証明書失効情報等の漏えいの防止その他の当該受領した署名用電子証明書失効情報等の適切な管理のために必要な措置を講じなければならない。

2　前項の規定は、署名検証者等から受

他の災害の被害を容易に受けないように業務の重要度に応じて必要な措置は、次の各号に掲げる区分に応じ、当該各号に定める要件を満たすものをいうものとする。

一　認証業務実施設備　通常想定される規模の地震による転倒及び構成部品の脱落等を防止するための構成部品の固定その他の耐震措置が講じられていること。

二　認証業務実施設備室　次に掲げる要件を満たすこと。

イ　水害の防止のための措置が講じられていること。

ロ　隔壁により区画されていること。

ハ　自動火災報知器及び消火装置が設置されていること。

ニ　防火区画内に設置されていること。

ホ　室内において使用される電源設備について停電に対する措置が講じられていること。

三　認証業務実施設備室を設置する建築物　次に掲げる要件を満たすこと。

イ　建築されている土地の地盤が地震被害のおそれの少ないものであること。ただし、やむを得ない場合であって、不同沈下を防止する

領した署名用電子証明書失効情報等の電子計算機処理等の委託（二以上の段階にわたる委託を含む。）を受けた者が受託した業務を行う場合について準用する。

3 第二十条第一項の規定による回答を受けた署名確認者が同項の規定により受けた回答（以下「受領した回答」という。）の電子計算機処理等を行うに当たっては、当該署名確認者は、受領した回答の漏えいの防止その他の当該受領した回答の適切な管理のために必要な措置を講じなければならない。

4 前項の規定は、署名確認者から受領した回答の電子計算機処理等の委託（二以上の段階にわたる委託を含む。）を受けた者が受託した業務を行う場合について準用する。

（利用者証明検証者等による受領した利用者証明用電子証明書失効情報等の安全確保等）

第五十一条 第三十七条第一項又は第二項の規定により保存期間に係る利用者証明用電子証明書失効情報又は保存期間に係る利用者証明用電子証明書失効情報ファイルの提供を受けた利用者証明検証者がこれらの規定により提供を

措置を講ずる場合は、この限りでない。

ロ 地震に対する安全性に係る建築基準法又はこれに基づく命令若しくは条例の規定に適合する建築物であること。

ハ 建築基準法に規定する耐火建築物又は準耐火建築物であること。

（認証業務実施設備の操作等に関する許諾等）

第四十四条 規則第七十四条第二号に規定する認証業務実施設備が設置された室への立入り及びその操作に関する許諾並びに当該許諾に関する識別符号の管理が適切に行われていることとは、次の各号に掲げる要件を満たすことを要するものとする。

一 認証業務実施設備室への立入りは、複数の者により行われること。

二 設備の保守その他の業務の運営上必要な事情により、やむを得ず、立入りに係る権限を有しない者を認証業務実施設備室へ立ち入らせることが必要である場合においては、立入りに係る権限を有する複数の者が同行すること。

三 システム管理者に係る識別符号に

受けた保存期間に係る利用者証明用電子証明書失効情報又は保存期間に係る利用者証明用電子証明書失効情報ファイル（以下「受領した利用者証明用電子証明書失効情報等」という。）の電子計算機処理等を行うに当たっては、当該利用者証明検証者は、受領した利用者証明用電子証明書失効情報等の漏えいの防止その他の当該受領した利用者証明用電子証明書失効情報等の適切な管理のために必要な措置を講じなければならない。

2　前項の規定は、利用者証明検証者から受領した利用者証明用電子証明書失効情報等の電子計算機処理等の委託（二以上の段階にわたる委託を含む。）を受けた者が受託した業務を行う場合について準用する。

3　特定利用者証明検証者が特定利用者証明検証者証明符号の電子計算機処理等を行うに当たっては、当該特定利用者証明検証者は、当該特定利用者証明検証者証明符号の漏えい、滅失及び毀損の防止その他の当該特定利用者証明検証者証明符号の適切な管理のために必要な措置を講じなければならない。

4　前項の規定は、特定利用者証明検証者から特定利用者証明検証者証明符号

ついては、特に厳重な管理が行われていること。

（発行者署名符号の漏えいを防止するための措置）

第四十五条　規則第七十四条第三号に規定する署名用電子証明書発行者署名符号及び利用者証明用電子証明書発行者署名符号の作成、管理その他当該署名用電子証明書発行者署名符号及び当該利用者証明用電子証明書発行者署名符号の漏えいを防止するために必要な措置は、次の各号に掲げる要件を満たすものをいうものとする。

一　署名用電子証明書発行者署名符号及び利用者証明用電子証明書発行者署名符号の作成及び管理は、認証業務実施設備室内で複数の者によって規則第七十三条第四号に規定する専用の電子計算機を用いて行われること。

二　バックアップ用の署名用電子証明書発行者署名符号及び利用者証明用電子証明書発行者署名符号の複製は、次に掲げるいずれかの方法により行われること。

イ　認証業務実施設備室内で規則第七十三条第四号に規定する専用の

の電子計算機処理等の委託（二以上の段階にわたる委託を含む。）を受けた者が受託した業務を行う場合について準用する。

（署名検証者等の受領した署名用電子証明書失効情報等の利用及び提供の制限等）

第五十二条　署名検証者は、第十九条第一項の規定により署名用電子証明書が効力を失っていないことの確認をするため必要な範囲内で、第十八条第一項又は第二項の規定により提供を受けた保存期間に係る署名用電子証明書失効情報又は保存期間に係る署名用電子証明書失効情報ファイルを利用するものとし、これらの規定により提供を受けた保存期間に係る署名用電子証明書失効情報又は保存期間に係る署名用電子証明書失効情報ファイルの全部又は一部を当該確認以外の目的のために利用し、又は提供してはならない。

2　利用者証明検証者である署名検証者は、利用者証明利用者に係る署名用電子証明書の発行の番号又は署名利用者に係る利用者証明用電子証明書の発行の番号の確認をするため必要な範囲内で、第十八条第三項の規定により提供

電子計算機を用いて行われ、かつ、複製されたバックアップ用の署名用電子証明書発行者署名符号及び利用者証明用電子証明書発行者署名符号は、認証業務実施設備室と同等の安全性を有する場所に保存されること。

ロ　認証業務実施設備室内で署名用電子証明書発行者署名符号及び利用者証明用電子証明書発行者署名符号に関する情報を分割し、複数の者が異なる安全な場所に分散して保管する方法（署名用電子証明書発行者署名符号及び利用者証明用電子証明書発行者署名符号を再生する場合には、複数の者が集合することを要するものに限る。）により行われること。

三　署名用電子証明書発行者署名符号及び利用者証明用電子証明書発行者署名符号の使用を可能とし、又は不可能とするための認証業務実施設備の設定の変更は、認証業務実施設備室内で複数の者により行われること。

四　署名用電子証明書発行者署名符号及び利用者証明用電子証明書発行者署名符号の使用を終了する場合には、複数の者により物理的な破壊又は完

を受けた対応証明書の発行の番号を利用するものとし、当該対応証明書の発行の番号の全部又は一部を当該確認以外の目的のために利用し、又は提供してはならない。

3　団体署名検証者は、第二十条第一項の規定により署名用電子証明書が効力を失っていないことの確認をし、当該確認の結果についての回答をするため必要な範囲内で、第十八条第一項又は第二項の規定により提供を受けた保存期間に係る署名用電子証明書失効情報又は保存期間に係る署名用電子証明書失効情報ファイルを利用するものとし、これらの規定により提供を受けた保存期間に係る署名用電子証明書失効情報又は保存期間に係る署名用電子証明書失効情報ファイルの全部又は一部を当該確認及び回答以外の目的のために利用し、又は提供してはならない。

4　署名確認者は、第二十一条第一項の規定により署名用電子証明書が効力を失っていないことの確認をするため必要な範囲内で、受領した回答を利用するものとし、受領した回答の全部又は一部を当該確認以外の目的のために利用し、又は提供してはならない。

全な初期化等の方法により完全に廃棄し、かつ、複製された署名用電子証明書発行者署名符号及び利用者証明用電子証明書発行者署名符号についても同時に廃棄すること。

（利用者証明検証者の受領した利用者証明用電子証明書失効情報等の利用及び提供の制限等）

第五十三条　利用者証明検証者は、第三十八条第一項の規定により利用者証明用電子証明書が効力を失っていないことの確認をするため必要な範囲内で、受領した利用者証明用電子証明書失効情報等を利用するものとし、受領した利用者証明用電子証明書失効情報等の全部又は一部を当該確認以外の目的のために利用し、又は提供してはならない。

2　特定利用者証明検証者は、第三十八条の二第一項の規定により認可を受けて行う確認に必要な範囲内で、特定利用者証明検証者証明符号を利用するものとし、特定利用者証明検証者証明符号を当該確認以外の目的のために利用し、又は提供してはならない。

（署名検証者等の職員等の秘密保持義務等）

第五十四条　受領した署名用電子証明書失効情報等の電子計算機処理等に関する事務に従事する署名検証者等若しくはその役員若しくは職員又はこれらの者であった者は、その事務に関して知り得た受領した署名用電子証明書失効情報等に関する秘密又は受領した署名用電子証明書失効情報等の電子計算機処理等に関する秘密を漏らしてはならない。

2　署名検証者等から受領した署名用電子証明書失効情報等の電子計算機処理等の委託（二以上の段階にわたる委託を含む。）を受けた者若しくはその役員若しくは職員又はこれらの者であった者は、その委託された業務に関して知り得た受領した署名用電子証明書失効情報等に関する秘密又は受領した署名用電子証明書失効情報等の電子計算機処理等に関する秘密を漏らしてはならない。

3　前二項の規定は、署名確認者について準用する。この場合において、前二項中「受領した署名用電子証明書失効情報等」とあるのは、「受領した回答」と読み替えるものとする。

（利用者証明検証者の職員等の秘密保持義務）

第五十五条　受領した利用者証明用電子証明書失効情報等の電子計算機処理等に関する事務に従事する利用者証明検証者若しくはその役員若しくは職員又

はこれらの者であった者は、その事務に関して知り得た受領した利用者証明用電子証明書失効情報等に関する秘密又は受領した利用者証明用電子証明書失効情報等の電子計算機処理等に関する秘密を漏らしてはならない。

2　利用者証明検証者から受領した利用者証明用電子証明書失効情報等の電子計算機処理等の委託（二以上の段階にわたる委託を含む。）を受けた者若しくはその役員若しくは職員又はこれらの者であった者は、その委託された業務に関して知り得た受領した利用者証明用電子証明書失効情報等に関する秘密又は受領した利用者証明用電子証明書失効情報等の電子計算機処理等に関する秘密を漏らしてはならない。

3　前二項の規定は、特定利用者証明検証者について準用する。この場合において、前二項中「受領した利用者証明用電子証明書失効情報等」とあるのは、「特定利用者証明検証者証明符号」と読み替えるものとする。

（受領した署名用電子証明書失効情報等に係る署名検証者等の義務等）

第五十六条　受領した署名用電子証明書失効情報等の電子計算機処理等に関す

る事務（署名検証者等の委託（二以上の段階にわたる委託を含む。）を受けて行うものを含む。）に従事している者又は従事していた者は、その事務に関して知り得た事項をみだりに他人に知らせ、又は不当な目的に使用してはならない。

2　前項の規定は、署名確認者について準用する。この場合において、同項中「受領した署名用電子証明書失効情報等」とあるのは、「受領した回答」と読み替えるものとする。

（受領した利用者証明用電子証明書失効情報等に係る利用者証明検証者等の義務等）

第五十七条　受領した利用者証明用電子証明書失効情報等の電子計算機処理等に関する事務（利用者証明検証者の委託（二以上の段階にわたる委託を含む。）を受けて行うものを含む。）に従事している者又は従事していた者は、その事務に関して知り得た事項をみだりに他人に知らせ、又は不当な目的に使用してはならない。

2　前項の規定は、特定利用者証明検証者について準用する。この場合において、同項中「受領した利用者証明用電子証明書失効情報等」とあるのは、「特定利用者証明検証者証明符号」と読み替えるものとする。

3　第三十八条の二第一項の規定により認可を受けて行う確認に関する事務（特定利用者証明検証者の委託（二以上の段階にわたる委託を含む。）を受けて行うものを含む。）に従事している者又は従事していた者は、その事務に関して知り得た事項をみだりに他人に知らせ、又は不当な目的に使用してはならない。

（自己の認証業務情報の開示）

第五十八条　何人も、機構に対し、自己に係る認証業務情報について、政令で定める方法により、その開示（自己に係る認証業務情報が存在しないときにその旨を知らせることを含む。以下同じ。）を請求することができる。

2　機構は、前項の開示の請求があったときは、当該開示の請求をした者に対し、政令で定める方法により、当該開示の請求に係る認証業務情報について開示をしなければならない。

第二章　認証業務情報等の保護

（自己の認証業務情報の開示請求の方法）

第二十六条　法第五十八条第一項の政令で定める方法は、書面を提出する方法とする。

2　法第五十八条第一項の規定による自己に係る認証業務情報（法第四十四条第一項に規定する認証業務情報をいう。第二十九条第二項において同じ。）の開示の請求は、住所地市町村長（法第三条第二項に規定する住所地市町村長をいう。次項及び第二十九条第二項において同じ。）を経由して行うことができる。

3　機構は、前項の規定により住所地市町村長を経由して法第五十八条第一項

第三章　認証業務情報等の保護

（認証業務情報の開示請求の方法）

第七十五条　法第五十八条第一項の規定により自己に係る認証業務情報の開示の請求（以下この条において「開示請求」という。）をする者（以下この条及び第七十八条において「開示請求者」という。）は、当該開示請求者の氏名及び住所その他総務大臣が必要と認める事項を記載した書面を提出しなければならない。

2　開示請求者は、次の各号に掲げるいずれかの書類を、機構に対して開示請求を行う場合にあっては機構に、令第二十六条第二項の規定により住所地市町村長を経由して機構に対して開示請

（開示の期限）

第五十九条　前条第二項の開示は、当該開示の請求を受けた日から起算して三十日以内にしなければならない。

2　機構は、事務処理上の困難その他正当な理由により前項に規定する期間内に開示をすることができないときは、同項に規定する期間内に、当該開示の請求をした者に対し、同項の期間内に開示をすることができない理由及び開示の期限を政令で定める方法により通知しなければならない。

（開示の手数料）

第六十条　機構は、第五十八条第一項の規定により自己に係る認証業務情報の開示の請求をする者から、機構が総務大臣の認可を受けて定める額の手数料

の規定による開示の請求を受ける場合には、法第六十条に規定する手数料の徴収の事務を住所地市町村長に委託することができる。

（認証業務情報の開示の方法）

第二十七条　法第五十八条第二項の政令で定める方法は、書面を交付する方法とする。

（開示の期限の延長の通知の方法）

第二十八条　法第五十九条第二項の政令で定める方法は、書面を交付する方法とする。

求を行う場合にあっては住所地市町村長に対して、提示又は提出しなければならない。

一　旅券、一時庇護許可書、在留カード、仮滞在許可書、特別永住者証明書、別表に掲げる免許証、許可証若しくは資格証明書等、個人番号カード又は官公庁がその職員に対して発行した身分を証明するに足りる文書で当該職員の写真を貼り付けたものであって開示請求者が当該開示請求者本人であることを確認するため機構又は住所地市町村長が適当と認める書類

二　開示請求について、開示請求者が本人であること及び当該開示請求が本人の意思に基づくものであることを確認するため、郵便その他機構又は住所地市町村長が適当と認める方法により当該開示請求者に対して文書で照会したその回答書及び機構又は住所地市町村長が適当と認める書類

3　開示請求を代理人が行うときは、当該代理人は、開示請求者本人の署名又は記名押印がある委任状及び次の各号に掲げる書類を、機構に対して当該開示請求を行う場合にあっては機構に、

を徴収することができる。

（自己の認証業務情報の訂正等）

第六十一条 機構は、第五十八条第二項の規定により開示を受けた者から、政

（自己の認証業務情報の訂正等の請求の方法）

第二十九条 法第六十一条第一項の政令で定める方法は、書面を提出する方法

令第二十六条第二項の規定により住所地市町村長を経由して機構に対して当該開示請求を行う場合にあっては住所地市町村長に対して、提示又は提出しなければならない。

一 旅券、一時庇護許可書、在留カード、仮滞在許可書、特別永住者証明書、別表に掲げる免許証、許可証若しくは資格証明書等、個人番号カード又は官公庁がその職員に対して発行した身分を証明するに足りる文書で当該職員の写真を貼り付けたものであって代理人が当該代理人本人であることを確認するため機構又は住所地市町村長が適当と認める書類

二 開示請求について、開示請求者が本人であること及び当該開示請求が本人の意思に基づくものであることを確認するため、郵便その他機構又は住所地市町村長が適当と認める方法により当該開示請求者に対して文書で照会したその回答書及び機構又は住所地市町村長が適当と認める書類

（認証業務情報の訂正等請求の方法）

第七十六条 法第六十一条第一項の規定による認証業務情報の内容の全部又は

令で定める方法により、当該開示に係る認証業務情報についてその内容の全部又は一部の訂正、追加又は削除（以下この条において「訂正等」という。）を求められた場合には、遅滞なく調査を行い、その結果に基づき、当該認証業務情報の内容の訂正等を行わなければならない。

2　機構は、前項の規定に基づき求められた訂正等を行ったとき、又は訂正等を行わない旨の決定をしたときは、第五十八条第二項の規定により開示を受けた者に対し、遅滞なく、その旨（訂正等を行ったときは、その内容を含む。）を政令で定める方法により通知しなければならない。

（苦情処理）

第六十二条　機構及び市町村長は、この法律の規定により機構及び市町村が処理する事務の実施に関する苦情の適切かつ迅速な処理に努めなければならない。

（署名用電子証明書又は利用者証明用電子証明書の発行の番号の利用制限等）

第六十三条　機構、署名検証者等、署名

とする。

2　法第六十一条第一項の規定による開示に係る認証業務情報の内容の全部又は一部の訂正、追加又は削除の請求は、住所地市町村長を経由して行うことができる。

（認証業務情報の訂正等を行った旨の通知等の方法）

第三十条　法第六十一条第二項の政令で定める方法は、書面を交付する方法とする。

第三章　雑則

（指定都市の区及び総合区に対する法の適用）

第三十一条　地方自治法（昭和二十二年法律第六十七号）第二百五十二条の十九第一項の指定都市（次条において「指定都市」という。）について法の規定を適用する場合には、次の表の上欄に掲げる法の規定中同表の中欄に掲げる字句は、それぞれ同表の下欄に掲げる字句とする。

第三条第二項	その者	その者が記録されている住民基本台

一部の訂正、追加又は削除の請求（以下この条において「訂正等請求」という。）をする者（以下この条及び第七十八条において「訂正等請求者」という。）は、当該訂正等請求に係る認証業務情報の開示を受けた日、訂正等請求者の氏名及び住所、訂正等請求の趣旨及び理由その他総務大臣が必要と認める事項を記載した書面を提出しなければならない。

2　訂正等請求者は、次の各号に掲げるいずれかの書類を、機構に対して訂正等請求を行う場合にあっては機構に、令第二十九条第二項の規定により住所地市町村長を経由して機構に対して訂正等請求を行う場合にあっては住所地市町村長に対して、提示又は提出しなければならない。

一　旅券、一時庇護許可書、在留カード、仮滞在許可書、特別永住者証明書、別表に掲げる免許証、許可証若しくは資格証明書等、個人番号カード又は官公庁がその職員に対して発行した身分を証明するに足りる文書で当該職員の写真を貼り付けたものであって訂正等請求者が当該訂正等請求者本人であることを確認するため機構又は住所地市町村長が適当と

確認者又は利用者証明検証者以外の者は、何人も、業として、署名用電子証明書の発行の番号又は利用者証明用電子証明書の発行の番号の記録されたデータベース（自己以外の者に係る署名用電子証明書の発行の番号又は利用者証明用電子証明書の発行の番号を含む当該自己以外の者に関する情報の集合物であって、それらの情報を電子計算機を用いて検索することができるように体系的に構成したものをいう。以下この項において同じ。）であって、当該データベースに記録された情報が他に提供されることが予定されているものを構成してはならない。

2 総務大臣は、前項の規定に違反する行為が行われた場合において、当該行為をした者が更に反復して同項の規定に違反する行為をするおそれがあると認めるときは、当該行為をした者に対し、当該行為を中止することを勧告し、又は当該行為が中止されることを確保するために必要な措置を講ずることを勧告することができる。

3 総務大臣は、前項の規定による勧告を受けた者がその勧告に従わないときは、その者に対し、期限を定めて、当該勧告に従うべきことを命ずることが

		帳を作成した区長（総合区長を含む。以下「住所地区長」という。）を経由して、その者
第三条第三項	これを	住所地区長を経由して、これを
第三条第七項	記録して	記録し、住所地区長を経由して、
第二十二条第二項	住所地市町村長	住所地区長を経由して、住所地市町村長
第二十二条第三項	これを	住所地区長を経由して、これを
第二十二条第七項	記録して	記録し、住所地区長を経由して、
第四十六条	及び市町村長	並びに市長及び区長（総合区長を含む。第六十二条において同じ。）

認める書類

二 訂正等請求について、訂正等請求者が本人であること及び当該訂正等請求が本人の意思に基づくものであることを確認するため、郵便その他機構又は住所地市町村長が適当と認める方法により当該訂正等請求者に対して文書で照会したその回答書及び機構又は住所地市町村長が適当と認める書類

3 訂正等請求を代理人が行うときは、当該代理人は、訂正等請求者本人の署名又は記名押印がある委任状及び次の各号に掲げる書類を、機構に対して当該訂正等請求を行う場合にあっては機構に、令第二十九条第二項の規定により住所地市町村長を経由して機構に対して当該訂正等請求を行う場合にあっては住所地市町村長に対して、提示又は提出しなければならない。

一 旅券、一時庇護許可書、在留カード、仮滞在許可書、特別永住者証明書、別表に掲げる免許証、許可証若しくは資格証明書等、個人番号カード又は官公庁がその職員に対して発行した身分を証明するに足りる文書で当該職員の写真を貼り付けたものであって代理人が当該代理人本人で

できる。

（報告及び検査）

第六十四条　総務大臣は、前条第二項又は第三項の規定による措置に関し必要があると認めるときは、その必要と認められる範囲内において、同条第一項の規定に違反していると認めるに足りる相当の理由がある者に対し、必要な事項に関し報告を求め、又はその職員に、同項の規定に違反していると認めるに足りる相当の理由がある者の事務所若しくは事業所に立ち入り、帳簿、書類その他の物件を検査させることができる。

2　前項の規定により立入検査をする職員は、その身分を示す証明書を携帯し、関係人の請求があったときは、これを提示しなければならない。

3　第一項の規定による立入検査の権限は、犯罪捜査のために認められたものと解釈してはならない。

第四章　雑則

（総務大臣の援助等）

第六十五条　総務大臣は、機構の認証業務に係る技術の評価に関する調査及び

第六十二条	及び市町村長	並びに市長及び区長
	及び市町村が	並びに市及び区（総合区を含む。）が

（指定都市の区及び総合区に対するこの政令の適用）

第三十二条　指定都市における第二十六条第二項及び第三項並びに第二十九条第二項の規定の適用については、第二十六条第二項中「住所地市町村長（」とあるのは「その者が記録されている住民基本台帳を作成した区長又は総合区長（次項及び第二十九条第二項において「住所地区長」という。）及び住所地市町村長（」と、同条第三項中「住所地市町村長を」とあるのは「住所地区長及び住所地市町村長を」と、第二十九条第二項中「住所地市町村長」とあるのは「住所地区長及び住所地市町村長」とする。

（旧氏記載者に関する法の規定の特例）

第三十三条　住民基本台帳法施行令（昭和四十二年政令第二百九十二号）第三

あることを確認するため機構又は住所地市町村長が適当と認める書類

二　訂正等請求について、訂正等請求者が本人であること及び当該訂正等請求が本人の意思に基づくものであることを確認するため、郵便その他機構又は住所地市町村長が適当と認める方法により当該訂正等請求者に対して文書で照会したその回答書及び機構又は住所地市町村長が適当と認める書類

研究を行うとともに、機構及び市町村並びに署名利用者及び利用者証明利用者に対し必要な情報の提供、助言その他の援助を行うよう努めなければならない。

（報告の徴収）

第六十六条　総務大臣は、この法律の施行に必要な限度において、第十七条第一項第五号又は第六号の認定を受けた者及び特定利用者証明検証者に対し、その業務の実施の状況に関し必要な報告を求めることができる。

２　機構は、この法律の施行に必要な限度において、署名検証者及び団体署名検証者並びに利用者証明検証者に対し、その業務の実施の状況に関し必要な報告を求めることができる。

（手数料）

第六十七条　機構は、次に掲げる事務に関し、機構が定める額の手数料を徴収することができる。

一　第三条第六項（第三条の二第二項において準用する場合を含む。）の規定による署名用電子証明書の発行に係る事務

二　第十八条第一項の規定による保存

十条の十四第一項に規定する旧氏記載者に係る法第三条第二項、第七条、第十二条及び第二十二条第二項の規定の適用については、法第三条第二項中「から第三号まで」とあるのは「に掲げる事項及び旧氏（住民基本台帳法施行令（昭和四十二年政令第二百九十二号）第三十条の十三に規定する旧氏をいう。以下この款及び第二十二条第二項において同じ。）並びに同法第七条第二号、第三号」と、法第七条第三号、第十二条第一号及び第二十二条第二項中「から第三号まで」とあるのは「に掲げる事項及び旧氏並びに同条第二号、第三号」とする。

（外国人住民の通称に関する法の規定の特例）

第三十四条　住民基本台帳法（昭和四十二年法律第八十一号）第三十条の四十五に規定する外国人住民に係る住民票に住民基本台帳法施行令第三十条の十六第一項に規定する通称が記載されている場合における法第三条第二項、第七条、第十二条及び第二十二条第二項の規定の適用については、法第三条第二項中「から第三号まで」とあるのは「に掲げる事項及び通称（住民基本台

期間に係る署名用電子証明書失効情報の提供に係る事務

三　第十八条第二項の規定による保存期間に係る署名用電子証明書失効情報ファイルの提供に係る事務

四　第十八条第三項の規定による対応証明書の発行の番号の提供に係る事務

五　第二十二条第六項（第二十二条の二第二項において準用する場合を含む。）の規定による利用者証明用電子証明書の発行に係る事務

六　第三十七条第一項の規定による保存期間に係る利用者証明用電子証明書失効情報の提供に係る事務

七　第三十七条第二項の規定による保存期間に係る利用者証明用電子証明書失効情報ファイルの提供に係る事務

八　第三十八条の三第二項の規定による特定利用者証明検証者証明符号の提供に係る事務

2　機構は、前項に規定する手数料の額を定め、又はこれを変更しようとするときは、総務大臣の認可を受けなければならない。

3　機構は、第一項第一号及び第五号に掲げる事務に関する手数料の徴収の事

帳法施行令（昭和四十二年政令第二百九十二号）第三十条の十六第一項に規定する通称をいう。以下この款及び第二十二条第二項において同じ。）並びに同法第七条第二号、第三号」と、法第七条第三号、第十二条第一号及び第二十二条第二項中「から第三号まで」とあるのは「に掲げる事項及び通称並びに同条第二号、第三号」とする。

（総務省令への委任）

第三十五条　この政令で定めるもののほか、法及びこの政令の実施のため必要な手続その他の事項は、総務省令で定める。

附　則

（施行期日）

第一条　この政令は、法の施行の日から施行する。ただし、次条の規定は、公布の日から施行する。

【編注】　施行日＝平成一六年一月二九日

（指定都市の特例）

第二条　地方自治法第二百五十二条の十九第一項の指定都市に対する法附則第

務を住所地市町村長に委託することができる。

（令和元年法律第一六号一部改正・未施行）

第一項第一号中「第三条第六項」の下に「（第三条の二第二項において準用する場合を含む。）」を加え、同項第五号中「第二十二条第六項」の下に「（第二十二条の二第二項において準用する場合を含む。）」を加える。

第三項中「住所地市町村長」の下に「又は附票管理市町村長」を加える。

〔施行日＝公布の日から起算して五年を超えない範囲内において政令で定める日＝附則一条十参照〕

（機構がした処分等に係る審査請求）

第六十八条　機構が行う認証事務に係る処分又はその不作為について不服がある者は、総務大臣に対し、審査請求をすることができる。この場合において、総務大臣は、行政不服審査法（平成二十六年法律第六十八号）第二十五条第二項及び第三項、第四十六条第一項及び第二項、第四十七条並びに第四十九

三条の規定の適用については、同条中「市町村長、都道府県知事及び指定認証機関」とあるのは、「市長及び区長、都道府県知事並びに指定認証機関」とする。

附　則（令和二年五月七日政令第一六五号）

この政令は、情報通信技術の活用による行政手続等に係る関係者の利便性の向上並びに行政運営の簡素化及び効率化を図るための行政手続等における情報通信の技術の利用に関する法律等の一部を改正する法律（令和元年法律第十六号）附則第一条第六号に掲げる規定及び同条第十号に掲げる規定（同法第四条中行政手続における特定の個人を識別するための番号の利用等に関する法律（平成二十五年法律第二十七号）第十七条第四項の改正規定に限る。）の施行の日（令和二年五月二十五日）から施行する。

条第三項の規定の適用については、機構の上級行政庁とみなす。

（運用規程）
第六十九条 機構は、総務省令で定めるところにより、認証業務の実施のための手続その他必要な事項を定めた運用規程を作成し、これを公表しなければならない。

（技術的基準）
第七十条 認証業務の用に供する施設又は設備の管理の方法その他認証業務及びこれに附帯する業務の実施について必要な技術的基準は、総務大臣が定める。

（指定都市の特例）
第七十一条 地方自治法（昭和二十二年法律第六十七号）第二百五十二条の十九第一項の指定都市（次項において「指定都市」という。）に対するこの法律の規定の適用については、政令で定めるところにより、区及び総合区を市と、区長及び総合区長を市長とみなす。
2 前項に定めるもののほか、指定都市に対するこの法律の規定の適用については、政令で特別の定めをすることが

第四章 雑則

（運用規程の作成及び公表）
第七十七条 法第六十九条の規定による運用規程の作成は、機構の連絡先、認証業務の提供条件その他の認証業務の実施に関する事項について適切に定めることにより行うものとする。
2 法第六十九条の規定による運用規程の公表は、インターネットの利用その他の方法によるものとする。

（運用規程）
第四十六条 法第六十九条に規定する運用規程は、次に掲げる事項に関する規定を含むことを要するものとする。
一 機構における連絡先（住所、電話番号、ファクシミリ番号及びメールアドレス）
二 証明の目的、対象又は利用範囲の制限に関する事項
三 利用申込みの方法及び利用者の真偽の確認の方法に関する事項
四 署名用電子証明書及び利用者証明用電子証明書の失効の請求に関する事項
五 署名用電子証明書失効情報及び利

できる。

（政令への委任）

第七十二条 この法律の実施のための手続その他その施行に関し必要な事項は、政令で定める。

第五章 罰則

第七十三条 機構に対し、その認証業務に関し、虚偽の申請をして、不実の署名用電子証明書又は利用者証明用電子証明書を発行させた者は、五年以下の懲役又は二百万円以下の罰金に処する。

2 前項の未遂罪は、罰する。

第七十四条 第四十七条、第四十八条、第五十四条第一項（同条第三項において準用する場合を含む。）若しくは第二項（同条第三項において準用する場合を含む。）又は第五十五条第一項（同条第二項において準用する場合を含む。）若しくは第二項（同条第三項において準用する場合を含む。）の規定に違反して秘密を漏らした者は、二年以下の懲役又は百万円以下の罰金に処する。

用者証明用電子証明書失効情報の確認の方法及び確認することができる期間に関する事項

六 認証業務に係るセキュリティに関する事項（利用者に係る個人情報の取扱いに関する事項を含む。）

七 認証業務の利用に係る手数料に関する事項

八 帳簿書類の保存に関する事項

九 当該規程の改訂に関する事項及び利用者その他の者に対する通知方法に関する事項

（訳文の添付）

第七十八条 市町村長は、法、令又はこの省令の規定により署名利用者、利用者証明利用者、開示請求者又は訂正等請求者から提示又は提出を受けることとされている書類が外国語により作成されている場合には、翻訳者を明らかにした訳文の添付を求めることができる。

（指定都市の区及び総合区に対するこの省令の適用）

第七十九条 地方自治法（昭和二十二年法律第六十七号）第二百五十二条の十九第一項の指定都市についてこの省令

第七十五条　第六十三条第三項の規定による命令に違反した者は、一年以下の懲役又は五十万円以下の罰金に処する。

第七十六条　次の各号のいずれかに該当するときは、その違反行為をした機構の役員又は職員は、三十万円以下の罰金に処する。

一　第四十条の規定に違反して帳簿を備えず、帳簿に記載せず、若しくは帳簿に虚偽の記載をし、又は帳簿を保存しなかったとき。

二　第四十三条第一項の規定による報告を求められて、報告をせず、若しくは虚偽の報告をし、又は同項の規定による検査を拒み、妨げ、若しくは忌避し、若しくは同項の規定による質問に対して答弁をせず、若しくは虚偽の答弁をしたとき。

第七十七条　第六十四条第一項の規定による報告をせず、若しくは虚偽の報告をし、又は同項の規定による検査を拒み、妨げ、若しくは忌避した者は、三十万円以下の罰金に処する。

第七十八条　第六十六条第一項の規定による報告を求められて、報告をせず、

の規定を適用する場合には、次の表の上欄に掲げるこの省令の規定中同表の中欄に掲げる字句は、それぞれ下欄に掲げる字句とする。

第五条第二項	対し、	対し、その者が記録されている住民基本台帳を作成した区長（総合区長を含む。以下「住所地区長」という。）を経由して、
第四十一条第二項	対し、	対し、住所地区長を経由して、
第七十五条第二項及び第三項	令第二十六条第二項	令第三十二条の規定により読み替えて適用する令第二十六条第二項
	住所地市町村長を	住所地区長及び住所地市町村長を
	住所地市町村長に	住所地区長及び住所地市町村長に

又は虚偽の報告をした第十七条第一項第五号若しくは第六号の認定を受けた者又は特定利用者証明検証者は、三十万円以下の罰金に処する。

2　第六十六条第二項の規定による報告を求められて、報告をせず、又は虚偽の報告をした署名検証者若しくは団体署名検証者又は利用者証明検証者は、三十万円以下の罰金に処する。

第七十九条　法人の代表者又は法人若しくは人の代理人、使用人その他の従業者が、その法人又は人の業務に関し、第七十五条及び前二条の違反行為をしたときは、行為者を罰するほか、その法人又は人に対して各本条の刑を科する。

2　前項の規定は、国及び地方公共団体には、適用しない。

附　則（抄）

（施行期日）

第一条　この法律は、公布の日から起算して二年を超えない範囲内において政令で定める日から施行する。ただし、第三十四条第一項から第三項まで、第三十六条から第三十八条まで及び第四

第七十六条第二項及び第三項	令第二十九条第二項	令第三十二条の規定により読み替えて適用する令第二十九条第二項
	住所地市町村長を	住所地区長及び住所地市町村長を
	住所地市町村長に	住所地区長及び住所地市町村長に

（旧氏記載者に対するこの規則の適用）

第八十条　住民基本台帳法施行令（昭和四十二年政令第二百九十二号）第三十条の十四第一項に規定する旧氏記載者に係る第二十条第二号及び第七号の規定の適用については、同条第二号中「氏名」とあるのは「氏名及び旧氏（住民基本台帳法施行令（昭和四十二年政令第二百九十二号）第三十条の十三に規定する旧氏をいう。第七号において同じ。）」と、同条第七号中「氏名」とあるのは「氏名及び旧氏」とする。

十条から第五十二条まで並びに附則第三条から第五条までの規定は、公布の日から施行する。

【編注】　施行日＝平成一六年一月二九日

（住民基本台帳カードに関する経過措置）

第二条　この法律の施行の日（以下「施行日」という。）から住民基本台帳法の一部を改正する法律（平成十一年法律第百三十三号）附則第一条第一項第三号に掲げる規定の施行の日の前日までの間における第三条第四項の規定の適用については、同項中「住民基本台帳法第三十条の四十四第一項に規定する住民基本台帳カードその他の総務省令で定める電磁的記録媒体」とあるのは、「総務省令で定める電磁的記録媒体」とする。

（準備行為）

第三条　市町村長、都道府県知事及び指定認証機関は、施行日前においても、この法律に規定する事務の実施に必要な準備行為をすることができる。

（指定認証機関に関する経過措置）

（外国人住民に係る住民票に通称が記載されている場合のこの規則の適用）

第八十一条　住民基本台帳法（昭和四十二年法律第八十一号）第三十条の四十五に規定する外国人住民に係る住民票に住民基本台帳法施行令第三十条の十六第一項に規定する通称が記載されている場合における第二十条第二号及び第七号の規定の適用については、同条第二号中「氏名」とあるのは「氏名及び通称（住民基本台帳法施行令（昭和四十二年政令第二百九十二号）第三十条の十六第一項に規定する通称をいう。第七号において同じ。）」と、同条第七号中「氏名」とあるのは「氏名及び通称」とする。

（保存）

第八十二条　法、令及びこの省令の規定に基づく申請書その他の書類（電磁的方法による記録に係る記録媒体により保存したものを含む。）の保存期間は、別に定めるもののほか、次の各号に掲げる書類の区分に応じ、当該書類を受理し、又は作成した日から当該各号に定める日までの期間とする。

一　法第三条第二項に規定する申請書、法第二十二条第二項に規定する申請

第四条 施行日前に指定認証機関の指定がされた場合においては、指定認証機関は、第三十四条第一項の規定にかかわらず、施行日の前日までの間は、同項各号に掲げる事務を行わないものとする。

（その他の経過措置の政令への委任）

第五条 前三条に定めるもののほか、この法律の施行に伴い必要な経過措置は、政令で定める。

（外国人住民についての適用の特例）

第六条 住民基本台帳法の一部を改正する法律（平成二十一年法律第七十七号）附則第九条に規定する政令で定める日までにおける第三条第一項の規定の適用については、同項中「記録されている者」とあるのは、「記録されている者（住民基本台帳法（昭和四十二年法律第八十一号）第三十条の四十五に規定する外国人住民を除く。）」とする。

附　則（平成二六年六月一三日法律第六九号）（抄）

（施行期日）

書並びに第五条第一項及び第二項並びに第四十一条第一項及び第二項の規定により提出され、又は提示された書類の写し　当該書類の提出又は提示を受けた日から起算して十五年を経過する日

二　法第十七条第一項第五号の規定による総務大臣の認定を受けた者（以下この条において「認定事業者」という。）が行う特定認証業務の利用者となるための申込みに関する書類で次に掲げるもの　当該書類に係る電子証明書の有効期間の満了すべき日の翌日から起算して十年を経過する日

イ　第二十六条第一号の説明に関する記録

ロ　利用者となるための申込書

ハ　利用者の真偽の確認のために認定事業者に提出され、又は提示された証明書等の写し

ニ　利用者となるための申込みに対する諾否を決定した者の氏名

ホ　利用者となるための申込みに対する承諾をしなかった場合においては、その理由を記載した書類

へ　電子証明書及びその作成に関する記録

第一条 この法律は、行政不服審査法（平成二十六年法律第六十八号）の施行の日から施行する。

【編注】 施行日＝平成二八年四月一日

附　則（令和元年五月三一日法律第一六号・一部未施行）（抄）

（施行期日）

第一条 この法律は、公布の日から起算して九月を超えない範囲内において政令で定める日から施行する。ただし、次の各号に掲げる規定は、当該各号に定める日から施行する。

【編注】 施行日＝令和元年一二月一六日

一 （略）第三条中電子署名等に係る地方公共団体情報システム機構の認証業務に関する法律第十七条第三項の改正規定（同項第三号に係る部分及び同項第十一号に係る部分（「第五十七条」を「第五十七条第一項」に改める部分に限る。）を除く。）、同法第十八条の改正規定、同法第三十七条第三項の改正規定（同項第一号に係る部分及び同項第五号に係る

ト 発行者署名検証符号（電子署名及び認証業務に関する法律施行規則第六条第九号に規定する発行者署名検証符号をいう。）

チ 発行者署名符号の作成及び管理に関する記録

リ 認定事業者が利用者署名符号を作成したときは、当該利用者署名符号の作成及び廃棄に関する記録並びに利用者からの受領書

三 認定事業者が行う特定認証業務に係る電子証明書の失効に関する書類で次に掲げるもの 当該書類に係る電子証明書の有効期間の満了すべき日の翌日から起算して十年を経過する日

イ 電子証明書の失効の請求書その他の失効に関する判断に関する記録

ロ 電子証明書の失効を決定した者の氏名

ハ 電子証明書の失効の請求に対して拒否をした場合においては、その理由を記載した書類

ニ 第二十六条第九号の失効に関する情報及びその作成に関する記録

四 認定事業者の組織管理に関する書類で次に掲げるもの 当該書類に係

部分（「第五十七条」を「第五十七条第一項」に改める部分に限る。）を除く。）、同法第五十六条（見出しを含む。）の改正規定、同法第五十七条の見出しの改正規定（「電子計算機処理等の受託者等」を「利用者証明検証者等」に改める部分に限る。）及び同条の改正規定（同条に二項を加える部分を除く。）（略） 公布の日

二 （略）第三条中電子署名等に係る地方公共団体情報システム機構の認証業務に関する法律第六十六条第二項の改正規定及び同法第七十九条に一項を加える改正規定（略） 公布の日から起算して二十日を経過した日

【編注】 施行日＝令和元年六月二〇日

六 第三条中電子署名等に係る地方公共団体情報システム機構の認証業務に関する法律目次の改正規定、同法第三条第四項の改正規定、同法第十七条第三項の改正規定（第一号に掲げる部分を除く。）、同法第十九条の改正規定、同法第三十七条第三項の改正規定（同号に掲げる部分を除

る電子証明書の有効期間の満了すべき日の翌日から起算して十年を経過する日

イ 第二十六条第十二号の規程及びその変更に関する記録

ロ 第二十六条第十四号イの事項及びその変更に関する記録

ハ 第二十六条第十四号ロの事項及びその変更に関する記録

ニ 特定認証業務の一部を他に委託する場合においては、委託契約に関する書類

ホ 第二十六条第十四号ニの監査の実施結果に関する記録

五 認定事業者の設備及び安全対策措置に関する書類で次に掲げるもの 法第十七条第一項第五号の規定による総務大臣の認定の更新の日

イ 第二十五条第一号の措置に関する記録（映像によるものを除く。）

ロ 第二十五条第二号の措置に関する記録（不正なアクセス等があったときのものに限る。）

ハ 第二十五条第三号の認証業務用設備の動作に関する記録

ニ 第二十六条第十五号の許諾に関する記録

ホ 認証業務用設備及び第二十五条

く。）、同法第三十八条の改正規定、同法第二章第二節第二款中同条の次に二条を加える改正規定、同法第四十一条、第四十四条第一項、第四十五条、第五十一条（見出しを含む。）、第五十三条（見出しを含む。）及び第五十五条（見出しを含む。）の改正規定、同法第五十七条の見出しの改正規定（同号に掲げる部分を除く。）、同条に二項を加える改正規定、同法第六十六条第一項の改正規定、同法第六十七条第一項の改正規定（同項に一号を加える部分に限る。）並びに同法第七十四条及び第七十八条第一項の改正規定（略） 公布の日から起算して一年を超えない範囲内において政令で定める日

【編注】 施行日＝令和二年五月二五日

十 （略）第三条中電子署名等に係る地方公共団体情報システム機構の認証業務に関する法律第三条の見出しを削り、同条の前に見出しを付する改正規定、同条第二項の改正規定、同条の次に一条を加える改正規定、同法第七条及び第八条の改正規定、同法第九条の改正規定（同条第四項

各号の基準に適合するために必要な設備の維持管理に関する記録

ヘ 事故に関する記録

ト 書類の利用及び廃棄に関する記録

六 法第十七条第一項第六号の規定による総務大臣の認定を受けた者（以下この号において「電子署名等確認認定事業者」という。）の設備、安全対策措置及び組織管理に関する書類で次に掲げるもの 法第十七条第一項第六号の規定による総務大臣の認定の更新の日

イ 第二十七条第一号の措置に関する記録（映像によるものを除く。）

ロ 第二十七条第二号の措置に関する記録（不正なアクセス等があったときのものに限る。）

ハ 第二十七条第三号の電子署名等確認設備の動作に関する記録

ニ 電子署名等確認設備及び第二十七条各号の基準に適合するために必要な設備の維持管理に関する記録

ホ 第二十八条第二号イの事項及びその変更に関する記録

ヘ 第二十八条第二号ロの事項及びその変更に関する記録

を削る部分を除く。）、同法第十条、第十二条及び第十三条の改正規定、同法第二十二条の見出しを削り、同条の前に見出しを付する改正規定、同条第二項の改正規定、同条の次に一条を加える改正規定、同法第二十七条の改正規定、同法第二十八条の改正規定（同条第四項を削る部分を除く。）、同法第二十九条及び第三十一条の改正規定、同法第六十七条第一項の改正規定（第六号に掲げる部分を除く。）並びに同条第三項の改正規定（略）　公布の日から起算して五年を超えない範囲内において政令で定める日

ト　電子署名等確認業務の全部又は一部を他に委託する場合においては、委託契約に関する書類
チ　第二十八条第二号ニの監査の実施結果に関する記録
リ　事故に関する記録
ヌ　書類の利用及び廃棄に関する記録
七　特定利用者証明検証者の設備、安全対策措置及び組織管理に関する書類で次に掲げるもの当該書類を受理し、又は作成した日から起算して一年を経過する日
イ　第六十四条の五第一項各号に掲げる事項及びその変更に関する記録
ロ　第六十四条の六第一号の措置に関する記録（映像によるものを除く。）
ハ　第六十四条の六第二号の措置に関する記録（不正なアクセス等があったときのものに限る。）
ニ　第六十四条の六第三号から第七号までの措置に関する記録
ホ　特定利用者証明検証者証明符号電子計算機処理等設備の動作に関する記録
ヘ　特定利用者証明検証者証明符号

電子計算機処理等設備及び第六十四条の六各号の基準に適合するために必要な設備の維持管理に関する記録

ト　確認に関する事務の全部又は一部を他に委託する場合においては、委託契約に関する書類

チ　事故に関する記録

リ　書類の利用及び廃棄に関する記録

八　その他の書類　当該書類を受理し、又は作成した日から起算して十年を経過する日

附　則（抄）

（施行期日）

第一条　この省令は、法の施行の日から施行する。ただし、第一条、第三十四条及び第三十六条から第四十一条までの規定は、公布の日から施行する。

【編注】　施行日＝平成一六年一月二九日

附　則（令和二年五月二五日総務省令第五四号）（抄）

（施行期日）

1　この省令は、情報通信技術の活用による行政手続等に係る関係者の利便性の向上並びに行政運営の簡素化及び効率化を図るための行政手続等における情報通信の技術の利用に関する法律等の一部を改正する法律附則第一条第六号に掲げる規定及び同条第十号に掲げる規定（同法第四条中行政手続における特定の個人を識別するための番号の利用等に関する法律（平成二十五年法律第二十七号）第十七条第四項の改正規定に限る。）の施行の日（令和二年五月二十五日）から施行する。

別表（第五条、第四十一条、第七十五条、第七十六条関係）　省略

附　則

この技術的基準は、法の施行の日から適用する。

【編注】　施行日＝平成一六年一月二九日

【編注】　総務省告示第三七二号施行日＝平成二五年九月三〇日

附　則（令和二年五月二五日総務省告示第一七〇号）

この告示は、情報通信技術の活用による行政手続等に係る関係者の利便性の向上並びに行政運営の簡素化及び効率化を図るための行政手続等における情報通信の技術の利用に関する法律等の一部を改正する法律（令和元年法律第十六号）附則第一条第六号に掲げる規定及び同条第十号に掲げる規定（同法第四条中行政手続における特定の個人を識別するための番号の利用等に関する法律（平成二十五年法律第二十七号）第十七条第四項の改正規定に限る。）の施行の日（令和二年五月二十五日）から施行する。

住民行政の窓増刊号（通巻489号）

「電子署名等に係る地方公共団体情報システム機構の認証業務に関する法律」関係法令対照表

令和３年１月10日　発 行

編集協力　市町村自治研究会
編　　者　住民行政の窓編集部
発 行 者　和　田　　裕

発 行 所　日本加除出版株式会社

本　　社　郵便番号 171-8516
東京都豊島区南長崎３丁目16番６号
ＴＥＬ（03）3953-5757（代表）
（03）3952-5759（編集）
ＦＡＸ（03）3951-6612
ＵＲＬ www.kajo.co.jp

営 業 部　郵便番号 171-8516
東京都豊島区南長崎３丁目16番６号
ＴＥＬ（03）3953-5642
ＦＡＸ（03）3953-2061

組版・印刷　㈱亨有堂印刷所／製本　藤田製本㈱

ISBN 978-4-8178-4699-0
ISSN 1340-6612